Nomen est omen

Die bekanntesten lateinischen Zitate & Redewendungen und was dahinter steckt

Christa Pöppelmann

Compact Verlag

Chefredaktion: Dr. Angela Sendlinger
Redaktion: Dr. Matthias Feldbaum
Produktion: Wolfram Friedrich
Abbildungen: dpa Picture-Alliance, Frankfurt; Gruppo Editoriale Fabbri, Mailand;
Lidman Production, Stockholm
Titelabbildungen: Compact Verlag, München (1); dpa Picture-Alliance, Frankfurt (8);
Lidman Production, Stockholm (1)
Titelabbildungen, im Uhrzeigersinn: Horaz, Sokrates, Seneca, Caesar, Ovid,
Cesare Borgia, Cicero, Plato, René Descartes, Hippokrates
Gestaltung: Axel Ganguin
Umschlaggestaltung: Inga Koch; Hartmut Baier

ISBN: 978-3-8174-6414-2
5464142

Besuchen Sie uns im Internet: www.compactverlag.de

Vorwort

Ein lateinisches Bonmot verleiht jeder Rede, jedem Toast und jedem Alltagsgespräch eine geistreiche Aura. Wer sich mit den Worten der Großen der Antike schmückt, wirkt kultiviert, belesen und gebildet. Dieses Buch hilft Ihnen jedoch nicht nur dabei, Ihre rhetorischen Fähigkeiten aufzupolieren, sondern informiert darüber hinaus auch noch zuverlässig über die geschichtlichen und kulturellen Hintergründe prominenter lateinischer Zitate.

Zu unrecht wird Latein oft als „tote Sprache" bezeichnet. Schon nach kurzem Blättern in diesem Buch werden Sie erstaunt feststellen, wie viele lateinische Lehnwörter und Fachausdrücke in unsere Alltagssprache übergegangen sind, ohne dass wir uns derer überhaupt noch bewusst sind. Außerdem ist es ein Vorurteil, dass lateinische Zitate zwingend von Cicero, Caesar und Konsorten stammen müssen. Hätten Sie vermutet, Harry Potter, Southpark und Star Trek hier anzutreffen? Lassen Sie sich überraschen ...

Ganz egal ob Sie sich lieber von bekannten und weniger bekannten Sinnsprüchen zum Schmökern verführen lassen wollen oder gezielt nach einer Wendung oder einem Urheber suchen, dieses Buch erweist sich als ausgesprochen benutzerfreundlich. Die Zitate sind alphabetisch sortiert, und falls Sie nur noch die deutsche Übersetzung im Ohr haben, können Sie diese im Übersetzungsregister am Ende des Buchs nachschlagen. Ein zusätzliches Personenregister sorgt für noch mehr Übersichtlichkeit.

Erweitern Sie Ihren Bildungshorizont – Ad astra per alia porci

A priori

Vom Früheren her

Aristoteles
∗ 384 † 322 v. Chr.

Als „a priori“ bezeichnete Aristoteles Ursachen des Seins, die schon vorhanden waren, bevor es wirklich etwas gab. Seit dem französischen Philosophen René Descartes (1596–1650) steht „a priori“ jedoch für Erkenntnisse, die allein durch den Verstand entstehen, ohne jegliche empirische, also sinnliche Erfahrung. Aber gibt es so etwas überhaupt? Darum streiten sich die Erkenntnisphilosophen seit dem 17. Jh. Rationalisten wie Descartes vertraten die Meinung, dass nur Erkenntnisse a priori es uns überhaupt erst möglich machen, empirisches Wissen einzuordnen. Empiristen wie der Brite John Locke (1632–1704) waren dagegen der Meinung, dass alle Erkenntnis erst durch die empirische Erfahrung entstehen kann, also a posteriori (vom Späteren her).

John Locke

A tergo

Im Rücken

Marcus Tullius Cicero
∗ 106 † 43 v. Chr.

Im Jahr 52 v. Chr. verteidigte Cicero den höchst umstrittenen römischen Politiker Titus Annius Milo († 48 v. Chr.), der des Mordes an seinem politischen Gegenspieler Publius Clodius Pulcher (um 92–52 v. Chr.) angeklagt war. Cicero stellte die Auseinandersetzung als einen Überfall vonseiten Pulchers und seines Schlägertrupps dar, die Milo feige „a tergo“, also von hinten, angegriffen hätten. Heute wird der Ausdruck meistens nur noch für Stellungen beim Sex benutzt, bei denen ein Partner an der Rückseite des anderen agiert.

Ab ovo

Vom Ei an

Horaz (Quintus Horatius Flaccus)
∗ 65 † 8 v. Chr.

In seiner *Dichtkunst* lobt Horaz den griechischen Ependichter Homer, weil dieser in seiner *Ilias* die Vorgeschichte des Trojanischen Krieges nicht „vom Ei an“ erzählt habe. „Ab ovo“ wurde dadurch zu einem Begriff für ein zu weites Zurückgreifen, ähnlich dem deutschen Vorwurf, dass jemand seine Erzählung bei „Adam und Eva beginne“. Mit dem Ei wurde auf die Geburt der schönen Helena angespielt. Denn angeblich hatte Göttervater Zeus sich mit Helenas Mutter Leda in Gestalt eines Schwanes vergnügt, worauf diese Eier legte, denen die gemeinsamen Kinder entsprossen. Die Wendung „ab ovo usque ad mala (vom Ei bis zu den Äpfeln)“ stammt auch von Horaz, hat aber nichts mit dem Ei der Leda zu tun. Sie bedeutet vom „Anfang bis zum Ende“, weil ein römisches Mahl traditionell mit einem Ei beginnt und mit einem Obstgang schließt. Die Wendung kann Geschwätzigkeit anprangern, aber auch ein Lob sein, dass jemand alle Aspekte einer Sache beachtet.

Ab urbe condita

Seit Gründung der Stadt

nach Marcus Terentius Varro
∗ 116 † 27 v. Chr.

Ab urbe condita, seit der Gründung der Stadt (Rom), ist der Titel von Roms großem

Geschichtsepos, das Titus Livius (um 59 v. Chr.–17. n. Chr.) in 142 Bänden verfasste. Es spiegelte die Geschichte Roms von den legendenhaften Anfängen bis ins Jahr 9 v. Chr. wider. „Ab urbe condita“ war aber auch der Nullpunkt einer Zeitrechnung, die der Gelehrte Varro eingeführt hatte. Er legte die Gründung Roms für das Jahr 753 v. Chr. fest, 440 Jahre nach dem angenommenen Fall Trojas im Jahr 1193 v. Chr., da 440 Jahre als Zeitraum für eine Wiedergeburt galten und Rom sich als Wiedergeburt Trojas sah. Während die Einschätzung im Falle Trojas ziemlich nahe an die Wirklichkeit heranreichen könnte, dürfte Rom in Wahrheit zweihundert bis dreihundert Jahre älter sein. Varros Zeitrechnung „ab urbe condita“ setzte sich aber erst um das Jahr 400 durch. In der Antike benannte man die Jahre nach den jeweils regierenden Konsuln.

Marcus Terentius Varro

Abiit, excessit, evasit, erupit

Er ging, er machte sich fort, er entschlüpfte, er entrann

Marcus Tullius Cicero
∗ 106 † 43 v. Chr.

So triumphierte der römische Redner Cicero am Morgen des 9. November 63 v. Chr. Am Vortag hatte er vor dem römischen Senat eine flammende Rede gegen den Verschwörer Lucius Sergius Catilina (um 108–62 v. Chr.) gehalten, der dann umgehend die Stadt verließ. Am nächsten Tag sollte in einer Senatssitzung über ein weiteres Vorgehen gegen ihn und seine Anhänger beraten werden. Cicero trat jedoch vor der Sitzung vor das Volk, legte den Menschen seine Sicht der Dinge dar und warb bei ihnen für weitere Maßnahmen, die Catilina und seine Anhänger endgültig unschädlich machen sollten.

Abusus non tollit usum

Der Missbrauch hebt den Gebrauch nicht auf

nach Marcus Tullius Cicero
∗ 106 † 43 v. Chr.

Die Wurzeln dieser Maxime könnten auf eine Stelle in den *Topica* (Beweislehre) des römischen Redners Cicero zurückgehen. Dort argumentiert er: „Usus enim, non abusus, legatus est (Der Gebrauch nämlich, nicht der Missbrauch, ist legal).“ Obige Regel geht allerdings noch einen Schritt weiter, indem sie ausdrücklich betont, dass ein Gebrauchsrecht nicht dadurch aufgehoben wird, dass jemand es missbraucht hat.

Abusus optimi pessimus

Der Missbrauch des Besten ist der schlimmste

nach Gregor I.
∗ um 540 † 604

Je höher die Werte oder Güter sind, die jemand missbraucht, desto schlimmer ist sein Vergehen zu bewerten. Diese Maxime zitierte der Philosoph Arthur Schopenhauer (1788–1860) oft in seinen

Papst Gregor I.

Werken. Sie geht wohl auf eine Stelle in dem 35-bändigen Kommentar zum alttestamentarischen *Buch Hiob* (Moralia in Iob) zurück, den Papst Gregor der Große schrieb.

Abyssus abyssum invocat

Ein Abgrund ruft einen Abgrund herbei

nach Psalm 42

„Abyssus abyssum vocat in voce cataractarum tuarum omnes gurgites tui et fluctus tui super me transierunt (Der eine Abgrund ruft den anderen im Tosen deiner Wasserstürze. Alle deine Wogen und Fluten brechen über mich herein).“ Mit diesen dramatischen Bildern schildert der Betende im alttestamentarischen *Psalm 42* seine Not. Während der Psalm einen Menschen mitten im Chaos schildert, wird das Zitat „Abyssus abyssum invocat“ meist im Sinne von „Ein Fehler/Unglück zieht den/das nächste(n) nach sich“ gebraucht.

Acherontis pabulum

Futter für den Acheron

Titus Maccius Plautus
∗ um 254 † um 184 v. Chr.

Der Acheron, ein Fluss in der griechischen Provinz Epiros, galt in der Antike neben dem Styx, dem Kokytos, dem Phlegethon und der Lethe als einer der fünf Flüsse der Unterwelt. Den Acheron überqueren bedeutete sterben. Gelegentlich wurde der Name des Flusses aber auch für den Tod selbst benutzt. Wer „Futter für den Acheron“ ist, ist also dem Tod geweiht. Der Ausdruck findet sich in Plautus' Komödie *Casina*. Dort verwünscht Cleostrata ihren Gatten mit diesen Worten, weil er die schöne Casina – halb Ziehtochter, halb Dienerin der beiden – zu seiner Geliebten machen will.

Acta agere

Schon Getanes tun

Titus Maccius Plautus
∗ um 254 † um 184 v. Chr.

So bezeichnete man es im alten Rom, wenn jemand entweder Dinge tat, die schon längst erledigt waren, oder Handlungen, die schon einmal fehlgeschlagen waren, ohne Hoffnung auf Erfolg wiederholte. „Actam rem ago. Quod periit, periit (Getane Dinge tue ich. Was verschwunden ist, ist verschwunden)“, klagt die Magd Halisca in Plautus' Komödie *Cistellaria* (Der Korb), als sie den titelgebenden Korb verloren hat und wiederholt dieselbe Stelle absucht, obwohl längst klar ist, dass ihn jemand weggenommen haben muss.

Acta est fabula

Die Geschichte ist zu Ende

nach Gaius Octavius Augustus
∗ 63 v. Chr. † 14 n. Chr.

Mit diesen trockenen Worten, so ist oft zu lesen, soll der römische Kaiser Augustus gestorben sein. Doch es stimmt nicht ganz. Sein Biograf Sueton (um 70–140) berichtet, Augustus habe auf seinem Sterbebett zu den Umstehenden auf Grie-

Poträt von Kaiser Augustus auf einer Münze

chisch gesagt „Wenn ich meine Rolle gut gespielt habe, dann klatscht in die Hände und entlasst mich mit Applaus von der Bühne." Seine allerletzten Worte jedoch hätten seiner Gattin gegolten, zu der er sagte: „Livia, nostri coniugii memor vive, ac vale (Livia, lebe eingedenk unserer Eheschließung, und lebe wohl)."

Actio est reactio

Aktion ist gleich Reaktion

Isaac Newton
* 1643 † 1727

Isaac Newton

Dies ist die Kurzformel für eine physikalische Gesetzmäßigkeit, die der britische Wissenschaftler entdeckt hat, das dritte Newton'sche Axiom. In der Langfassung lautet es: „Actioni contrariam semper et aequalem esse reactionem (Wirkung und Gegenwirkung sind stets von entgegengesetzter Richtung und gleich groß)." Wenn also Körper A auf Körper B eine Kraft auswirkt, dann wirkt eine gleich große Kraft von Körper B auf Körper A. Umgangssprachlich will man mit dem Zitat sagen, dass Aktionen entsprechende Folgen haben.

Ad absurdum

Zum Sinnlosen

Aristoteles
* 384 † 322 v. Chr.

Als „reductio ad absurdum", als Rückführung bis zum Sinnlosen bezeichnet man eine Beweistechnik der Logik. Anstatt eine Aussage zu beweisen, nimmt man ihr Gegenteil an und zeigt durch logische Schlüsse, dass dies zu lauter Unsinn führt. Die älteste Quelle dafür sind die Schriften des Aristoteles. Eine der berühmtesten Anwendungen stammt vom griechischen Mathematiker Euklid (um 365–300 v. Chr.), der bewies, dass es keine größte Primzahl geben könne, indem er die Annahme, es gebe eine größte, widerlegte. Umgangssprachlich spricht man auch davon, dass jemand eine Sache „ad absurdum" führt, wenn er sie so weit treibt, dass sie in Unsinn umschlägt.

Ad acta

Zu den Akten

Fachausdruck

Etwas „ad acta" legen bedeutet, sich nicht länger damit zu beschäftigen. Früher wurden amtliche Unterlagen, die im Archiv abgelegt werden sollten, weil der Fall – für den Moment – abgearbeitet war, mit dem Vermerk a. a. oder ad a. gekennzeichnet.

Ad arma

Zu den Waffen

Titus Livius
* um 59 v. Chr. † um 17 n. Chr.

Mit diesem lateinischen Befehl sind Soldaten noch lange nach dem Fall des römischen Reiches aufgerufen worden, ihre Waffen zu ergreifen und sich dem Kampf zu stellen. Die älteste schriftliche Erwähnung findet sich in dem Geschichtswerk *Ab urbe condita* von Livius.

Livius berichtet von einem Feldzug der Römer gegen die in der Gegend von Neapel beheimateten Samniten im Jahr 314 v. Chr. Ein samnitischer Überläufer schleuste eine kleine Anzahl Römer in die Zitadelle der Samnitenstadt Sora ein. Dann erregte er in der Stadt so großen Tumult, wie er nur konnte, indem er im Dunkeln „ad arma“ und „pro vestram fidem, cives (Zu eurem Schutz, Bürger)“ schrie, schreibt Livius. Heute wird der Satz gelegentlich scherzhaft im Sinne von „An die Arbeit“ verwendet.

Ad astra per alia porci

Zu den Sternen auf den Flügeln eines Schweins

John Steinbeck
∗ 1902 † 1968

John Steinbeck

Dieses reichlich ausgefallene Motto benutzte der US-Autor und Literatur-Nobelpreisträger John Steinbeck. Er pflegte beim Signieren von Büchern ein geflügeltes Schwein zu malen (später zu stempeln), das er, in Anlehnung an das geflügelte Ross Pegasus aus der griechischen Sage, „Pigasus“ nannte. „Auf den Schwingen des Pegasus“ ist ein häufig verwendeter Ausdruck für dichterische Höhenflüge. Irgendwann dachte sich Steinbeck zum „Pigasus“ obiges Motto aus. Angeblich soll ihm einmal ein Professor erklärt haben, ehe er Schriftsteller würde, würden Schweine fliegen. Steinbecks Frau jedoch meinte, mit dem geflügelten Schwein habe ihr Mann einerseits Erdverbundenheit, andererseits Streben nach Höherem ausdrücken wollen.

Ad Fontes!

Zu den Quellen!

Erasmus von Rotterdam
∗ um 1465 † 1536

Erasmus von Rotterdam

Das französische Wort „Renaissance“ bedeutet Wiedergeburt. Gemeint ist eine Wiederentdeckung der antiken Kunst und Kultur, die im 15. Jh. in Italien begann. Während manche Renaissance-Künstler und Gelehrten sich aber nur mit der römischen Kaiserzeit beschäftigten, hielten es andere für nötig, möglichst weit „zu den Quellen“ zurückzugehen. „Sed in primis ad fontes ipsos properandum, id est graecos et antiquos“, forderte der Gelehrte Erasmus von Rotterdam 1511. „Vor allem muss man zu den Quellen selbst eilen, das heißt zu den Griechen und den Alten.“ Auch Luther hielt sich an den Ratschlag, indem er sich bei seiner Bibelübersetzung nicht auf die lateinische *Vulgata* des heiligen Hieronymus, sondern auf die griechischen und hebräischen Originaltexte stützte.

Ad hoc

Zu diesem

Fachausdruck

„Ad hoc“ bedeutet eigentlich für diesen Augenblick oder für diese Sache. Der Begriff charakterisiert Dinge, die aus einer Situation heraus aus dem Stegreif entstehen. Ein Ad-hoc-Gremium z. B. wird für eine ganz bestimmte Sache zusammengestellt. Eine Ad-hoc-Entscheidung wird aus einer Situation heraus gefällt. Eine Ad-hoc-Meldung wird gemacht, wenn sich wichtige Dinge ereignet haben. Börsennotierte Unternehmen sind z. B. verpflichtet, Ereignisse ad hoc öffentlich zu machen, die erheblichen Einfluss auf den Kurs haben können.

Ad infinitum

Bis ins Unendliche

Fachausdruck

Die „regressio ad infinitum", der Rückgriff ins Unendliche, bezeichnet in der Logik eine Kette von Folgerungen, die zu keinem Ende führt. Wenn man z. B. davon ausgeht, dass jede Bewegung eine Ursache hat, dann muss diese Ursache wiederum eine Ursache haben – und so weiter „ad infinitum." Aber wie soll man sich das vorstellen? Schon Aristoteles (384–322 v. Chr.) setzte einen künstlichen Schlusspunkt, indem er von der Existenz eines göttlichen „Unbewegten Bewegers" ausging. Der deutsche Theologe Friedrich Schleiermacher (1768–1834) sah in der geistigen Auseinandersetzung mit dem Unendlichen gar den Kern jedweder Religion oder religiösen Überzeugung. In der Alltagssprache wird der Ausdruck jedoch manchmal nur gleichbedeutend mit et cetera benutzt.

Ad ingenium redis

Du kehrst zu deiner Veranlagung zurück

Terenz (Publius Terentius Afer)
∗ um 195 † um 159 v. Chr.

Im Deutschen würde man wohl stattdessen sagen: „Jetzt erkenne ich dich wieder." In Terenz' Stück *Hecyra* (Die Schwiegermutter) brüstet sich der Diener Parmeno gegenüber der Kurtisane Philotis mit einem Geheimnis, von dem er ihr nichts erzählen darf. Philotis aber kennt seine Schwatzhaftigkeit. Als er schließlich verspricht, ihr alles zu sagen, wenn sie ihm nur ihr Wort gebe, es nicht weiterzuerzählen, antwortet sie mit obigem Satz.

Ad Kalendas Graecas

Bis zu den griechischen Kalenden

Gaius Octavius Augustus
∗ 63 v. Chr. † 14 n. Chr.

Die Kalenden bezeichneten im römischen Kalender den jeweils ersten Tag des Monats – der Tag, an dem gewöhnlich Schulden bezahlt wurden. Der Witz an obiger Redensart ist, dass der griechische Kalender keine Kalenden hatte. Griechische Kalenden waren damit der antike „Sankt-Nimmerleins-Tag". Der römische Schriftsteller Sueton (um 70–140) berichtet in seiner Augustus-Biografie, der Kaiser habe diesen Ausdruck oft benutzt, wenn er von säumigen Schuldnern sprach. Ob er das Bonmot jedoch erfunden hat, wird nicht ganz klar. Sueton schreibt, Augustus habe in der alltäglichen Konversation häufig sehr spezielle Ausdrücke wie eben die griechischen Kalenden benutzt.

Kaiser Augustus

Ad libitum

Nach Belieben

Fachausdruck

Wenn eine Sache „ad libitum“ gestellt ist, dann steht ausdrücklich im Gutdünken des Nutzers, wie er damit umgeht. Mit dem Zusatz ad libitum gibt z. B. ein Komponist möglichen Interpreten seiner Werke an gewissen Stellen Freiheiten zur eigenen Ausgestaltung, z. B. bei der Orchesterbesetzung oder beim Ausschmücken von Melodien. In der Tierhaltung versteht man unter einer Fütterung ad libitum einen freien Zugang der Tiere zu Futter und Wasser. Generell bedeutet ad libitum handeln, sich nicht an Vorgaben halten, sondern der eigenen Lust und Laune folgen.

Ad Maiorem Dei Gloriam

Zum größeren Ruhme Gottes

Papst Gregor der Große
∗ um 540 † 604

Papst Gregor I.

„... vicit pietas (siegte die Frömmigkeit)“, schrieb Papst Gregor I. in seinen *Dialogen*. Der erste Teil, oft AMDG abgekürzt, wurde später zum Motto der Societas Jesu (Gesellschaft Jesu), des Jesuitenordens. Vermutlich wurde es dem Orden von seinem Gründer, dem baskischen Adeligen Ignatius von Loyola (1491–1556) gegeben. Aber auch der Komponist Johann Sebastian Bach (1685–1750) pflegte seine Werke mit den Initialen ADMD zu signieren.

Ad multos annos

Auf viele Jahre

Römische Redewendung

So lautete im alten Rom der geläufige Glückwunsch zum Geburtstag. Er wird auch heute noch manchmal benutzt, z. B. als Toast am Ende von offiziellen Reden zu Firmenjubiläen. Gelegentlich hört man auch die Kurzform „ad multos“.

Ad surdas aures canere

Tauben Ohren singen

Ovid (Publius Ovidius Naso)
∗ 43 v. Chr. † um 18 n. Chr.

Ovid, der lange Jahre ein Lieblingsdichter der römischen Gesellschaft gewesen war, wurde im Jahr 8 von Kaiser Augustus ans Schwarze Meer verbannt. Er versuchte, den Kaiser umzustimmen, indem er ihm seine Gedichte aus dem Exil zuschickte, hatte jedoch keinen Erfolg. Die Klage darüber, auf taube Ohren zu stoßen, gibt es aber auch schon in älteren literarischen Werken, etwa im alttestamentarischen Buch Jesaja (tauben Ohren predigen) oder bei Ovids Kollegen Horaz (Surdo asello narrare fabulam/Einem tauben Esel eine Geschichte erzählen).

Ad usum Delphini

Zum Gebrauch des Dauphins

Ludwig XIV. von Frankreich
∗ 1638 † 1715

Ludwig XIV.

Sinngemäß übersetzt heißt das jugendfrei. Ab 1680 ließ Ludwig XIV., der berühmte Sonnenkönig, eine über 60-bändige Ausgabe lateinischer Klassiker für seinen Sohn Ludwig (1661–1711) erstellen, in der alle erotischen, rebellischen oder in anderer Weise anstößigen Stellen gestrichen waren. Sie trugen den Vermerk „ad usum Delphini". Dauphin (lat. delphinus) war der Titel der französischen Thronfolger, da sie Fürsten der Dauphiné waren, einer südostfranzösischen Landschaft, in deren Wappen sich zwei Delfine tummeln. Der Ausdruck „ad usum Delphini" wurde in der Folge für alle möglichen Zensurmaßnahmen gebraucht, vor allem wenn Prüderie das Motiv war.

Adhuc sub iudice lis est

Noch ist der Streit beim Richter

Horaz (Quintus Horatius Flaccus)
∗ 65 † 8 v. Chr.

Mit dieser salomonischen Antwort äußerte sich der römische Dichter Horaz in seinem Lehrbuch *Ars Poetica* (Dichtkunst) zu der Streitfrage, wer zuerst Elegien (Klagelieder) mit dem Distichon als Versmaß geschrieben hat. Dies ist ein Zweizeiler, in dem eine Zeile aus einem Hexameter, eine aus einem Pentameter besteht. Ein Hexameter setzt sich aus sechs Versfüßen (langen, betonten Silben), ein Pentameter dagegen nur aus fünf zusammen. In der Tat ist die Frage, um deren Antwort sich Horaz gedrückt hat, auch heute noch nicht entschieden. Zu den frühesten Autoren, bei denen das Distichon Verwendung findet, gehört Archilochus (um 680–645 v. Chr.), der auch der Erste ist, von dem Gedichte über persönliche Gefühle wie Liebe und Hass erhalten sind – wenn auch nur in Fragmenten.

Advocatus Diaboli

Anwalt des Teufels

Papst Sixtus V. (Felice Peretti)
∗ 1521 † 1590

Papst Sixtus V.

Die Rolle des Teufelsadvokaten wurde 1587 in den katholischen Heiligsprechungsprozess eingefügt. Er hatte die Rolle, jedes erdenkliche Negativ-Argument gegen die Heiligsprechung vorzubringen. Sein Gegenspieler war der Advocatus Dei (Anwalt Gottes). Die Rolle des Advocatus Diaboli einnehmen bedeutet deshalb, in einer Diskussion die Rolle des Gegenparts zu übernehmen, nicht weil man diese Position wirklich vertritt, sondern um die andere auf den Prüfstand zu stellen. Seltener verwendet man den Ausdruck auch für einen Anwalt, der einen besonders unpopulären Fall übernimmt und z. B. einen Massenmörder oder Kinderschänder verteidigt. Im Vatikan schaffte Johannes Paul II. (1920–2005) den Advocatus

Diaboli 1983 ab und brachte es mit einem schnelleren und einfacheren Prozess auf über 500 Heilig- und über 1300 Seligsprechungen, was selbst innerkirchlich oft als inflationär kritisiert wird.

Agenda

Die zu tuenden (Dinge)

Fachausdruck

Eine „Agenda" ist eine Sammlung von Dingen, die getan werden müssen. Dabei kann es sich um eine konkrete Tagesordnung für eine Sitzung handeln, auf der die Punkte aufgelistet sind, die in diesem Meeting abgearbeitet werden müssen, aber auch um einen eher vagen Zukunftsplan, der noch ausgestaltet werden muss. So war die Agenda 2010 eine Liste mit rund 20 teils konkreten, teils eher als Absichtserklärung formulierten Zielen, die die rot-grüne Bundesregierung im Jahr 2003 aufstellte und anschließend umzusetzen begann. Wenn jemand sagt, dass etwas auf der „Agenda steht", dann will er in der Regel versichern, dass er vorhat, sich mit dieser Sache zu befassen.

Agnosco veteris vestigia flammae

Ich erkenne Spuren des alten Feuers wieder

Vergil (Publius Vergilius Maro)
∗ 70 † 19 v. Chr.

Mit diesen Worten gesteht die Königin Dido von Karthago ihrer Schwester Anna in Vergils Epos *Aeneis*, dass sie sich in den Flüchtling Äneas verliebt hat. Dido war seit Langem Witwe, hatte ihren Gatten Sychaeus aber so sehr geliebt, dass sie eigentlich geschworen hatte, sich nie wieder mit einem Mann einzulassen. Doch Äneas bringt – mithilfe seiner Mutter, der Liebesgöttin Venus – die nach Sychaeus Ermordung tot geglaubten Gefühle bei Dido wieder in Wallung.

Agnus dei, qui tollis peccata mundi

Lamm Gottes, das du trägst die Sünden der Welt

Gebetsformel

Das *Agnus Dei* ist ein Gebet um Vergebung der eigenen Sünden. Es ist fester Bestandteil der katholischen Liturgie. Mit dem Lamm Gottes ist Jesus gemeint, dessen Tod als Sühneopfer für die Sünden der ganzen Menschheit verstanden wird. Die Bezeichnung geht auf eine Stelle zu Beginn des *Johannes-Evangeliums* zurück. Dort ruft Johannes der Täufer beim Anblick Jesu aus: „Seht, das Lamm Gottes!"

Das Lamm Gottes über dem Portal von St. Remigius in Ingelheim

Alea iacta est

Der Würfel ist geworfen

Gaius Julius Caesar
∗ 100 † 44 v. Chr.

Als Caesar am 10. Januar des Jahres 49 v. Chr. mit seinem Heer den Fluss Rubikon bei Ravenna überschritt, soll er die griechischen Worte „anerriphtho kybos" gesprochen haben. Dies war, wie seine Biografen verraten, eine bei Glücksspielern gängige Phrase. Ihre älteste schriftliche Erwähnung findet man in einem Komödienfragment des Dichters Menandros (um 341–291 v. Chr.). Anders als die lateinische Übersetzung „alea iacta est" oder gar das Deutsche „die Würfel sind gefallen" drückt das griechische Original allerdings keine Entscheidung aus, die bereits gefallen ist, sondern erst die Bereitschaft zu einem Wagnis. Deshalb findet man auch manchmal die – korrektere – lateinische Version: „Alea iacta esto (Der Würfel soll geworfen werden)". Da kein römischer Feldherr ein Heer auf italienischen Boden bringen durfte, wurde Caesars Überschreitung des Rubikon als Angriff gewertet und löste einen Bürgerkrieg aus, den Caesar allerdings ein Jahr später mit dem Sieg über seinen Rivalen Pompeius (106–48 v. Chr.) für sich entschied.

Julius Caesar

Alias

Auf andere Weise

Lehnwort

Ein „alias" ist bei uns ein Beiname, den ein Mensch führt. Das kann ein Künstlername sein, aber auch ein falscher Name, den sich Kriminelle zulegen. Das Wort „alias" wird dabei im Sinne von „auch genannt" benutzt. Im Lateinischen bedeutet es aber „anders, auf andere Weise, ein andermal, sonst". In Terenz' Stück *Andria* (Das Mädchen von Andros) z. B. sagt Simo: „Quid alias malim quam hodie has fieri nuptias (Wann anders als heute will ich, dass diese Hochzeitsfeierlichkeiten stattfinden)?"

Alibi

Anderswo

Lehnwort

Wer ein Alibi hat, der kann beweisen, dass er zum Zeitpunkt eines Verbrechens an einem anderen Ort war, als an dem, wo das Verbrechen geschehen ist. Im Lateinischen ist es eine Zusammensetzung aus den Worten „alius (anders)" und „ibi (dort)" und steht generell für „woanders". In Plautus' Komödie *Truculentus* (Die Unfreundlichen) beispielsweise heißt es über die Huren und Zuhälter: „Nam nusquam alibi si sunt, circum argentarias (Wenn sie nirgends sonst sind, sind sie um die Wechselstuben)."

Alma Mater studiorum

Nährende Mutter der Studien

Motto der Universität Bologna

Als Nährmutter oder Amme der Wissenschaften bezeichnete sich zuerst die Universität von Bologna, die als älteste Uni Europas im Jahr

1088 gegründet wurde. Der Begriff ging auf alle anderen Universitäten über und wird in den USA sogar häufig für Schulen überhaupt gebraucht. Aber auch bei uns ist es noch nicht lange her, dass es gebräuchlich wurde, von seiner Universität als seiner Alma Mater zu sprechen, die einem Wissen einflößt wie eine Mutter ihrem Kind Nahrung. Im Mittelalter dagegen kam Alma Mater auch als Beiname der heiligen Maria vor.

Alter Ego

Anderes Ich

Zenon, der Jüngere
∗ 336 † 264 v. Chr.

Mit dem Begriff „Alter Ego" werden heute ziemlich viele Phänomene eines „zweiten Ichs" umschrieben. Es kann sich um scheinbar abgespaltene Persönlichkeiten bei Menschen mit psychischen Schwierigkeiten handeln. Oder um ein fiktives anderes Selbst, wie es sich etwa Karl May mit seinem Helden Old Shatterhand zulegte oder es sich viele Menschen im Internet konstruieren. Manchmal bezeichnet man auch Menschen als Alter Ego, die einem sehr ähn-lich sind, aber anders mit ihren Anlagen umgehen, sich z. B. trauen, Dinge zu realisieren, von denen man selbst nur träumt. Der antike Philosoph Zenon von Kition (um 333–264 v. Chr.) jedoch, der Begründer der Stoa, bezeichnete damit schlicht und einfach einen Freund. Und der römische Redner Cicero (106–43 v. Chr.) befand in seiner Schrift *Über die Freundschaft:* „Verus amicus est tamquam alter idem" (Ein wahrer Freund ist gleichsam ein zweites Selbst)."

Cicero

Alumnus

Zögling

Fachbegriff

Der „Alumnus", der „Genährte", ist quasi das Pendant zur Alma Mater, der Nährmutter. „Alumni" ist deshalb ein altmodischer Ausdruck für Studenten und Schüler im Allgemeinen. Ursprünglich umfasste der Begriff aber nur jene Kinder und Heranwachsende, die tatsächlich von jemand anderem als den Eltern verköstigt wurden, vor allem Schüler, die ein Stipendium bekamen, oder Studenten, die Zugang zu einem sogenannten Freitisch hatten, also nicht für ihr Essen zahlen mussten.

Amantes amentes

Liebende, Verrückte

nach Titus Maccius Plautus
∗ um 254 † um 184 v. Chr.

Wortspiele mit den so ähnlich klingenden Wörtern für „liebend (amans)" und „ohne Verstand (amens)" waren in der römischen Literatur sehr beliebt. Die älteste bekannte schriftliche Quelle ist das Lustspiel *Mercator* (Der Kaufmann) von Plautus, in dem Vater und Sohn um die gleiche Frau werben. Im Prolog heißt es: „amans amensque (verliebt und verrückt)". In dem Stück *Andria* (Das Mädchen aus Andros) seines Kollegen Terenz (um 195–159 v. Chr.) wird festgestellt: „Inceptio est amentium, haud amantium (Das Beginnen ist das Verrückter, nicht Liebender)." 1609 nannte der deutsche Dichter Georg Rollenhagen (1542–1609) eine seiner Komödien *Amantes amentes*.

Amicus certus in re incerta cernitur

Der sichere Freund wird in unsicherer Lage erkannt

Quintus Ennius
∗ 239 † 169 v. Chr.

Diese Weisheit des römischen Dichters Ennius zitiert Cicero (106–43 v. Chr.) in seinem Werk *Laelius de amicitia* (Laelius über die Freundschaft), beklagt aber, dass die meisten Menschen ihre Freunde in der Not im Stich lassen bzw. anfangen auf sie herunterzusehen, wenn es ihnen selbst besser geht. In diesem Werk lässt Cicero den römischen Politiker Gaius Laelius (2. Jh. v. Chr.) mit seinen beiden Schwiegersöhnen über seine Freundschaft zu dem eben verstorbenen Feldherrn Scipio dem Jüngeren (185–129 v. Chr.) sprechen. Vieles davon könnte tatsächlich von Laelius stammen, da einer seiner Schwiegersöhne ein Lehrer Ciceros war. Von Ennius' Text sind nur Fragmente erhalten.

Scipio der Jüngere und Gaius Laelius am Schachbrett

Amicus optima vitae possessio

Der Freund ist das beste Gut des Lebens

Albrecht I.
∗ 1255 † 1308

Dieser Spruch soll ein Leitsatz des deutschen Königs Albrecht I. aus dem Hause Habsburg gewesen sein. In der Tat stützte sich Albrecht bei seiner Politik auf einen engen Kreis von Vertrauten, lebte mit einem Großteil seiner Umgebung aber in Unfrieden. Seine Biografie ist voll von Aufständen, Auseinandersetzungen und Mordversuchen. Am Ende wurde er tatsächlich ermordet. Einer der Täter war sein eigener Neffe.

Amicus Plato, sed magis amica veritas

Platon ist mein Freund, aber die größere Freundin ist die Wahrheit

Aristoteles
∗ 384 † 322 v. Chr.

Mit diesem Satz rechtfertigt Aristoteles laut einer spätantiken, anonym erschienenen Biografie seine Kritik an Teilen der Philosophie seines Lehrers Platon (427–347 v. Chr.). Dass dieser Ausspruch authentisch ist, wird jedoch bezweifelt, denn in Platons Werk finden sich schon Zitate von dessen Lehrer Sokrates (469–399 v. Chr.), in denen er seine Schüler auffordert, weder gute Freunde, noch ihn selbst höher zu achten als die Wahrheit. Vermutlich wurden diese Textstellen einfach für Aristoteles umgearbeitet. Aber immerhin schrieb auch Aristoteles in seinem Werk, es sei notwendig zur Rettung der Wahrheit, auch das nah Vertraute umzustürzen.

Amor fati

Liebe zum Schicksal

Friedrich Nietzsche
* 1844 † 1900

Friedrich Nietzsche

In seinem Werk *Ecce homo* schreibt Friedrich Nietzsche, „amor fati" sei seine Formel für die Größe eines Menschen. Darunter verstand er, dass jeder das Schicksal, das er nun einmal habe, annehmen müsse und dass es nicht ausreiche, das Notwendige bloß zu ertragen, sondern es sogar zu lieben. Alles andere sei Verlogenheit. Diese Aussage steht allerdings diametral im Gegensatz zu vielen anderen Stellen in Nietzsches Werk, in denen er seine Leser auffordert, sich nicht länger in demütige Sklavenmoral zu ergeben, sondern zum Übermenschen zu werden. Auch persönlich scheint er mit seinem Schicksal als ewig kränklicher, im Grunde einsamer und oft angefeindeter Autor durchaus gehadert zu haben.

Anathema sit…

Anathema sei…

Paulus von Tarsus
† um 65

Mit dieser Formel wurde in der katholischen Kirche bis zum Zweiten Vatikanischen Konzil (1962–65) ein Kirchenbann ausgesprochen. Dabei ist das Wort „anathema" ein Lehnwort aus dem Griechischen, das sowohl für Gottgeweihtes als auch für Verfluchtes steht. Folglich könnte „anathema sit" genauso gut „verflucht sei" wie „geweiht sei" heißen. Die Verwendung des Begriffs geht auf eine Stelle im 1. Korintherbrief des Apostels Paulus zurück, an dessen Ende er schreibt: „Wenn einer den Herrn nicht liebt, der sei ausgeschlossen."

Angina

Enge

Medizinischer Fachausdruck

„Angina" gehört zu den lateinischen Fachbegriffen aus der Medizin, die in die Alltagssprache übernommen worden sind. Eigentlich bedeutet der Ausdruck nur Enge oder Beklemmung, angewandt wird er meist für eine Halsentzündung, die medizinisch korrekt Angina Tonsillaris heißt, weil eine Entzündung der Mandeln (Tonsillen) für das Engegefühl im Hals sorgt. Ziemlich bekannt ist auch noch die Angina Pectoris (Enge der Brust), die medizinisch gesehen nichts mit der Angina Tonsillaris zu tun hat. Stattdessen handelt es sich um eine Durchblutungsstörung der Herzkranzgefäße, die ein Vorbote eines Herzinfarkts sein kann.

Animae duae, animus unus

Zwei Seelen, ein Geist

Sidonius Apollinaris
* um 430 † nach 479

Manchmal wird diese Redewendung auch mit „Zwei Seelen, ein Gedanke" übersetzt. Tatsächlich ist die Bedeutung des lateinischen Wortes „animus" sehr weitreichend. Sie umfasst Geist, Verstand, Leben, Gedanke, Herz und

Mut, d. h. lauter Dinge, die Ausdruck von anima, der individuellen Seele sind. Beide Begriffe spielen in der Archetypen-Lehre des Psychologen Carl Gustav Jung (1875–1961) eine entscheidende Rolle. Obiges Zitat stammt jedoch von einem spätrömischen Adeligen namens Sidonius Apollinaris, dem Schwiegersohn von Kaiser Avitus (um 400–457), der in seinem sehr bewegten Leben während der Völkerwanderungszeit zunächst Stadtpräfekt von Rom und schließlich Bischof der Auvergne war. Im Jahr 477 schrieb er einen Brief an seinen Freund Aquilinus, in dem er diesen erinnert, dass schon ihre Großväter und Väter beste Freunde waren, da sie sich von Herkunft und Erziehung sehr ähnlich gewesen seien. Appolinaris hoffte, dass für ihre beiden Söhne Gleiches gelten werde.

Carl Gustav Jung

Anno Domini

Im Jahr des Herrn

Fachbegriff

Im Jahr 525 schlug ein Mönch namens Dionysius Exiguus vor, Christi Geburt künftig zum Anfang einer neuen Zeitrechnung zu machen. Es dauerte aber noch ein paar Jahrhunderte, bis sich diese Idee in der christlichen Welt allgemein durchsetzte. Zur Kennzeichnung für diese Zählweise wurde der Zusatz „Anno Domini Nostri Iesu Christi (im Jahr unseres Herrn Jesus Christus)“ oder kurz A.D. In der Neuzeit begann man dann von „vor Christi Geburt“ und „nach Christi Geburt“ zu sprechen. Dabei setzte man das Jahr 1 A.D. mit dem Jahr 1 n. Chr. gleich. Ursprünglich sah man das Jahr 1 aber nicht als das erste Jahr nach Christi Geburt an, sondern als das Jahr, in dem man meinte, dass Jesus von Nazareth geboren worden sei. Aus diesem Grund gibt es in der christlichen Zeitrechnung kein Jahr Null. Auf 1 v. Chr. folgt unmittelbar 1 n. Chr., das ursprüngliche Jahr 1 A.D.

Annus horribilis

Schreckliches Jahr

Elizabeth II. von England
* 1926

Elizabeth II. von England

„1992 ist kein Jahr, auf das ich mit ungeteilter Freude zurückblicke“, sagte die Queen in ihrer Weihnachtsansprache dieses Jahres. „In den Worten eines der mitfühlenderen Korrespondenten gesprochen, hat es sich als ein ‚annus horribilis' herausgestellt.“ Nur vier Tage vorher hatte ein schwerer Brand in Schloss Windsor gewütet und viele unersetzliche Kunstwerke zerstört. Vor allem aber hatten sich drei ihrer vier Kinder scheiden lassen bzw. die Trennung zumindest angekündigt.

Ante/post meridiem

Vor/nach Mittag

Fachausdruck

In vielen englischsprachigen, aber auch spanischsprachigen Ländern werden die Stunden eines Tages nicht von Mitternacht bis Mitternacht durchgezählt, sondern in die zwölf Stunden vor Mittag und die zwölf nach Mittag geteilt. Um z. B. 7 Uhr am Morgen und 7 Uhr am Abend unterscheiden zu können, wird in der Regel das Kürzel a.m. oder p.m. für ante oder post meridiem zugefügt. Mitternacht wird als 12 a.m., Mittag als 12 p.m. bezeichnet.

Apage a me, apage!

Weiche von mir, weiche!

Titus Maccius Plautus
* um 254 † um 184 v. Chr.

Mit diesen Worten wehrt der junge Pistoclerus in Plautus' Stück *Bacchides* (Die Bacchiden) die drängenden Bitten der Hetäre Bacchis ab, ihr und ihrer gleichnamigen Zwillingsschwester zu helfen. Am Ende verliebt er sich jedoch in sie. Sehr bekannt ist auch die Stelle im *Matthäus-Evangelium*, in der Jesus während seines vierzigtägigen Fastens in der Wüste dem Teufel entgegenschleudert: „Apage, Satana (Weiche von mir, Satan)."

Aqua vitae

Wasser des Lebens

nach Jesus von Nazareth
* um 7 v. Chr. † um 30 n. Chr.

Der Evangelist Johannes berichtet, wie Jesus in Samaria einer Frau am Brunnen begegnet. Er bittet sie, ihm Wasser zu schöpfen, und erzählt ihr dann, dass er ihr lebendiges Wasser (aquam vivam) reichen könne. Dieses Wasser werde zu einem Quell des ewigen Lebens, und wer davon trinke, werde nie mehr dürsten. Auf

Darstellung von Jesus Christus in der Hagia Sophia

diese Bibelstelle könnte sich der Begriff „Aqua vitae" zurückführen lassen, mit dem man im Mittelalter Destillate, vornehmlich Branntweine bezeichnete. Nicht nur der skandinavische Aquavit, sondern auch der irisch-schottische Whisk(e)y und das französische Eau de Vie heißen übersetzt Lebenswasser.

Arbiter elegantiarum

Schiedsrichter des Eleganten

nach Petronius
* um 14 – 66

Der römische Politiker und Schriftsteller Petronius wurde ungefähr im Jahr 58 in den engeren Hofstaat des römischen Kaisers Nero (37–68) aufgenommen. Dort wurde er wegen seiner Stilsicherheit sehr schnell zum Schiedsrichter in allen Fragen des guten Geschmacks und bekam den Beinamen „Arbiter (Schiedsrichter)" oder „Arbiter elegantiarum". Sein berühmtester Nachfolger in dieser Funktion war wohl „Beau" Brummell (1778–1840), der mit einem bloßen Heben der Augenbraue im England der Regency-Zeit über gesellschaftliches Sein und Nichtsein entscheiden konnte. Petronius dagegen ist der

Kaiser Nero

Nachwelt vor allem wegen seines bissigen Gesellschaftsromans *Satyricon* erhalten geblieben. Dieser trug mit dazu bei, dass aus dem Begriff „satira (buntes Allerlei)“ die uns heute bekannte Satire wurde.

Argentum accepi, nihil curavi ceterum

Ich habe das Geld genommen, der Rest ging mich nichts an

Titus Maccius Plautus
∗ um 254 † um 184 v. Chr.

So antwortet der Sklave Stalagmus in Plautus' Stück *Captivi* (Die Gefangenen), als er gefragt wird, was aus einem kleinen Kind, das er einst entführt und verkauft hat, geworden ist. Ähnliche Wendungen findet man öfters, etwa „Argentum accepi, dote imperium vendidi (Ich habe das Geld genommen, für die Mitgift meine Stellung verkauft)“ in der Plautus-Komödie *Asinaria* (Der Eselshändler).

Argentum hoc facit

Das macht das Geld

Titus Maccius Plautus
∗ um 254 † um 184 v. Chr.

Derart brüstet sich in Plautus' Stück *Trinummus* (Das Dreigroschenstück) ein Trickdieb, der für eine Intrige angeheuert worden ist, seiner neuen Kleidung. Sein Gesprächspartner ist Charmides, der den Erzählungen des Gauners entnehmen muss, dass ihn sein alter Freund Callicles gerade um einen Schatz betrügen will, sodass der Satz „Argentum hoc facit“ auch auf den scheinbaren Verrat des Callicles passt. Doch in Wahrheit will dieser den Schatz nur vor Charmides' verschwenderischem Sohn retten.

Ars moriendi

Die Kunst des Sterbens

Fachausdruck

Im 15. Jh. wurde in Europa eine Schrift sehr populär, die sich mit der Frage nach dem rechten Sterben beschäftigte. Sie hieß *Tractatus artis bene moriendi* (Traktat über die Kunst, gut zu sterben) und wurde wohl um 1415 von einem Dominikanermönch verfasst. Die Schrift sollte die Angst vor dem Tod nehmen und enthielt neben Gebeten auch konkrete Ratschläge, wie man seine letzten Angelegenheiten regeln oder wie sich die Familie am Sterbebett verhalten solle. Dieses und ähnliche Werke wurden in zahlreichen Varianten verbreitet und gehörten zu den ersten Büchern, die gedruckt wurden. Als „ars moriendi“ bezeichnet man seither das Bemühen um ein gutes eigenes Sterben im Allgemeinen.

Asinus ad lyram

Der Esel an der Leier

Phaedrus
∗ um 20 v. Chr. † um 50 n. Chr.

Eine der Geschichten des römischen Fabeldichters Phaedrus handelt von einem Esel, der im Gras eine Leier findet und sie mit seinen Hufen zu spielen versucht, was natürlich nicht sonderlich gut funktioniert. Der Esel an der Leier wurde in der Folge in Rom zum Schlagwort für all jene, die sich mit einer Kunst abgeben, für die ihnen jegliche Voraussetzung fehlt. Vielleicht ist das Sprichwort aber auch schon älter, denn der Gelehrte Varro (116–27 v. Chr.) soll eine Satire über Söhne geschrieben haben, die in einem verdächtig langen Abstand nach dem Tod ihres Vaters auf die Welt kommen. Darin erklärte er, sollte er solche Söhne bekommen, solle man sie nur enterben, falls sie Esel an der Leier seien. Allerdings stammt die Nachricht über diese Satire von Aulus Gellius (um 130–180), sodass nicht sicher ist, ob der Ausdruck wirklich schon von Varro stammt oder ob Gellius mit diesen Worten lediglich den Sinn von Varros Aussage wiedergab.

Esel

Attempto!

Ich wag's!

Eberhard I. von Württemberg
* 1445 † 1496

„Attempto" war der Wahlspruch des württembergischen Grafen Eberhard V., der 1495 erster Herzog von Württemberg wurde und auch als Eberhard im Barte bekannt ist.

Eberhard I. von Württemberg

Er gilt nicht nur als äußerst tatkräftiger Herrscher, sondern auch als großer Förderer von Wissenschaft und Künstlern. Da er selbst trotz seines lateinischen Lebensmottos offensichtlich kein Latein konnte, ließ er viele Bücher übersetzen. 1477 gründete er die Universität Tübingen, die seinen Wahlspruch übernahm.

Audi

Horch

August Horch
* 1868 † 1951

1909 verließ der Automobilbauer August Horch die Firma Horch, die er selbst gegründet hatte, und eröffnete in Zwickau ein neues Unternehmen, die „August Horch Automobilwerke GmbH". Es kam jedoch zu Namensstreitigkeiten mit seiner alten Firma, und so verfiel Horch auf die Idee seinen Nachnamen einfach ins Lateinisch zu übersetzen. Der Befehl „Audi" bedeutet wörtlich „Höre" oder „Höre zu". Die Automarke Fiat dagegen ist die Abkürzung von Fabbrica Italiana Automobili Torino und nicht das lateinische Wort für „es werde".

Horch-Limousine aus den 30er-Jahren

Audiatur et altera pars

Es soll auch die andere Partei gehört werden

nach Aischylos
∗ 525 † 456 v. Chr.

Aischylos

Dieser Rechtsgrundsatz galt schon in der Antike. Die älteste Quelle dafür ist das Drama *Die Eumeniden* des griechischen Dichters Aischylos. Es erzählt, wie der Muttermörder Orest im Tempel der Göttin Athene Schutz vor den Rachegöttinnen, den Eumeniden oder Erinnyen, sucht. Diese fordern sein Blut, Athene aber gebietet ihnen Einhalt und gibt mit den Worten „Zwei sind zu hören; deinen Teil vernahm ich jetzt" Orest die Gelegenheit, sich zu rechtfertigen. Im Folgenden lässt Aischylos Athene den Areopag, den Gerichtshof von Athen, einsetzen und damit die archaische Rache durch ein faires Gerichtsverfahren ablösen. Dieses spricht Orest frei, da er mit dem Mord an der Mutter nur den Tod seines Vaters gerächt hat.

Augusto felicior, Traiano melior

Glücklicher als Augustus, besser als Trajan

nach Eutropius
† nach 390

In der römischen Geschichte (*Breviarium ab urbe condita*) des spätantiken Historikers Eutropius wird dem Kaiser Trajan (53–117) sowohl was seine Taten als auch was seinen Charakter betrifft höchstes Lob gezollt. Eutropius berichtet, noch zu seiner Zeit sei es Brauch im Senat gewesen, einen neugewählten Regenten mit dem Wunsch „Augusto felicior, Traiano melior" zu begrüßen. Denn auch die Herrschaft des Augustus (63 v. Chr.–14 n. Chr.) galt nach den römischen Bürgerkriegen als eine außerordentlich glückliche Epoche voller Frieden und Wohlstand.

Aura popularis

Die Volksgunst

Marcus Tullius Cicero
∗ 106 † 43 v. Chr.

Wörtlich bedeutet „aura popularis" eigentlich der Volkswind und spielt damit ganz deutlich auf die Dynamik der öffentlichen Meinung an, die Geschehnisse und auch persönliche Schicksale kräftig beeinflussen kann. Die älteste Erwähnung dieses Phänomens findet sich bei Cicero, kurze Zeit später verwenden auch Horaz, Vergil und Livius den Begriff.

Aurea mediocritas

Das goldene Mittelmaß

Horaz (Quintus Flaccus Horatius)
∗ 65 † 8 v. Chr.

Aristoteles

Sowohl das deutsche Wort „Mittelmaß" als auch das lateinische „mediocritas" haben bei uns einen negativen Beigeschmack. In der Antike dachte man ganz anders. Dies geht auf die Ethik des griechischen Philosophen Aristoteles (384–322 v. Chr.)

zurück. Er entwickelte die Vorstellung, dass die beste Lösung immer zwischen zwei Extremen liegt, die wahre Tapferkeit etwa zwischen Feigheit und blindwütigem Berserkertum. Und so rät auch der römische Schriftsteller Horaz in einer seiner Oden, immer die goldene Mitte zu suchen.

Auri sacra fames

Verfluchter Hunger nach Gold

Vergil (Publius Vergilius Maro)
∗ 70 † 19 v. Chr.

„Quid non mortalia pectora cogis auri sacra fames? (Wozu zwingst du nicht das sterbliche Herz, verfluchter Hunger nach Gold?)", klagt in Vergils Epos *Aeneis* der Geist des trojanischen Prinzen Polydoros. Polydoros weiß, wovon er spricht. Sein Vater, König Priamos von Troja, sandte ihn mit reichlich Gold nach Thrakien, um ihn vor dem Trojanischen Krieg in Sicherheit zu bringen. Doch seine Gastgeber ermordeten ihn aus Habgier. Doch Polydoros Geist kommt nicht zur Ruhe, und als es seinen Landsmann Äneas nach der Niederlage Trojas nach Thrakien verschlägt, berichtet er diesem sein trauriges Schicksal.

Austria est imperare orbi universo

An Österreich ist es, den ganzen Erdball zu regieren

Kaiser Friedrich III.
∗ 1415 † 1493

Oder hat Friedrich III. mit seinem geheimnisvollen Motto A.E.I.O.U. doch etwas anderes gemeint? Obige Devise ist jedenfalls nur die gängigste Interpretation. Aber im Grunde weiß man nicht einmal, ob die fünf Buchstaben für ein lateinisches oder doch ein deutsches Motto stehen, etwa „Alles Erdreich ist Österreich untertan" oder „Aller Einigkeit ist Österreichs Unsterblichkeit". Auch eine Verschlüsselung des alttestamentarischen Gottesnamens „Jehova (Ieoua)" wird diskutiert. Jedenfalls ließ Friedrich die fünf Buchstaben in diverse Bauten meißeln, auf seinem Tafelgeschirr anbringen und schrieb sie persönlich in unzählige Bücher und Schriftstücke, was die Spekulationen der Nachwelt bis heute anheizt.

Aut Caesar aut nihil

Entweder Caesar oder nichts

Cesare Borgia
∗ 1475 † 1507

Cesare Borgia

Dies war das Motto von Cesare Borgia, dem Sohn des berüchtigten Papstes Alexander VI. (Rodrigo Borgia, um 1430–1503). Cesare unterwarf mit dem Segen seines Vaters die damals relativ selbstständig regierenden Fürsten des Kirchenstaates. Seine Pläne gingen jedoch weiter. Er wollte Herrscher von ganz Italien werden. Niccolo Machiavelli (1469–1527) inspirierte er zu seiner Schrift *Il Principe*. Darin hieß Machiavelli auch skrupellose Methoden gut, solange ein vernünftiges Ziel wie die Einigung Italiens erreicht werde. Cesare Borgia wurde allerdings nach dem Tod seines Vaters von seinen Gegnern gefangen genommen, konnte aber fliehen und starb schließlich als Feldherr in Diensten des Fürsten von Navarra. Sein eher suboptimales Karriereende verträgt sich also nicht besonders gut mit seinem großspurigen „Alles oder Nichts"-Motto.

Avaritia omnia vitia habet

Habsucht hat alle Laster in sich

Marcus Porcius Cato Censorius der Ältere
∗ 234 † 149 v. Chr.

Dieses Verdikt fällte der für seine strengen Ansichten berüchtigte römische Zensor Cato in seinem Werk *Carmen de moribus* (Gedicht über die Moral). Er stand damit aber nicht allein. Habsucht und Unersättlichkeit galten den meisten antiken Denkern als ein Hauptübel, das andere nach sich zieht, da der Grund für Mord, Raub, Ehebruch, Vergewaltigung und andere schwere Vergehen meist ein zügelloses „Habenwollen" ist. Auch in der christlichen Morallehre des Mittelalters zählte Habsucht zu den sieben Hauptlastern (oft fälschlich als Todsünden bezeichnet), die am leichtesten zu schweren Sünden führen.

Ave Caesar, morituri te salutant!

Heil dir, Caesar, die, die sterben werden, grüßen dich!

nach Sueton (Gaius Suetonius Tranquillus)
∗ um 70 † um 140

Dies war – so eine weit verbreitete Vorstellung – die gängige Formel, mit der Gladiatoren bei ihrem Eintritt in die Arena den römischen Kaiser gegrüßt haben. Möglicherweise ist der Spruch in der ganzen römischen Geschichte jedoch nur einmal verwendet worden, nämlich bei einer nachgestellten Seeschlacht im Jahr 52, bei der offenbar auch keine regulären Gladiatoren, sondern zum Tode Verurteilte kämpften, die sowieso sterben sollten. Sueton berichtet, Kaiser Claudius (10 v. Chr.–54 n. Chr.) habe auf diesen Gruß „aut non (oder nicht)" geantwortet, worauf die Kämpfer meinten, sie wären begnadigt worden, und sich weigerten zu kämpfen. Laut Sueton gab es einen ziemlich unkaiserlichen Wutanfall, bevor das Spektakel wie geplant stattfinden konnte.

Kaiser Claudius

Ave Maria, gratia plena

Heil dir, Maria, voll der Gnaden

Gebetsformel

Mit diesen Worten beginnt das wichtigste christliche Mariengebet, das nach seinen Anfangsworten *Ave Maria* genannt wird. Ave bedeutet wörtlich „Lass es dir gut gehen". Im deutschen Text wird das jedoch mit „Gegrüßet seist du, Maria" übersetzt, während es etwa im Englischen „Hail Mary" heißt. Der Anfang des Gebetes ist wiederum eine Übersetzung des Grußes, mit dem der Engel Gabriel Maria im *Lukas-Evangelium* begrüßt, bevor er ihr verkündet, dass sie schwanger ist. Der griechische Originaltext beginnt jedoch mit dem Wort „chaire", was wörtlich „freue dich" heißt.

Barbam et pallium, philosophum nondum video

Ich sehe einen Bart und einen Mantel, aber noch keinen Philosophen

Aulus Gellius
∗ um 130 † um 180

So spottet der römische Schriftsteller in seinem Werk *Noctes Atticae* (Attische Nächte). Vor ihm hatte schon sein griechischer Kollege Plutarch (um 45–125) gewarnt, dass das Tragen eines langen Bartes und eines abgewetzten Mantels noch keinen Philosophen mache. Die beiden spielten damit wohl auf all jene Zeitgenossen an, die die philosophische Verachtung von Äußerlichkeiten gar zu sehr betonten, ohne sich jedoch um philosophische Inhalte zu kümmern. Im Lateinischen wurde dies später zu „Barba non facit philosophum (Der Bart macht keinen Philosophen)“ verkürzt, während man im Deutschen den Philosophen – warum ist unbekannt – durch einen Propheten ersetzt.

Beati possidentes

Glücklich die Besitzenden

Euripides
∗ um 480 † 406 v. Chr.

Euripides

„Schlecht hat es der Arme, die Besitzenden jedoch sind glücklich“, schrieb der griechische Tragödiendichter Euripides in seinem Werk *Danae*. In Rom machte der Volksmund dann „beati possidentes“ daraus, während sich die Dichter und Denker eher gegenteilig äußerten. Horaz (65–8 v. Chr.) etwa schrieb in einer seiner Oden: „Non possidentem multa vocaveris recte beatum (Nicht den, der viel besitzt, nennst du mit Recht glücklich).“ Vielmehr, so Horaz weiter, sei der glücklich, der die Gaben der Götter zu nutzen verstehe, Armut ertragen könne und Frevel verabscheue.

Bella gerant alii! Tu, felix Austria, nube!

Mögen andere Kriege führen! Du, glückliches Österreich, heirate!

Inoffizielles Motto des Hauses Habsburg

In einem seiner Gedichte über den Trojanischen Krieg erzählt der römische Dichter Ovid (43 v. Chr.–18. n. Chr.) vom Helden Protesilaos, den die Götter für seine Tapferkeit mit einer Vereinigung mit seiner Gemahlin belohnen. Dort heißt es: „Bella gerant alii, Protesilaus amet (Mögen andere Krieg führen, Protesilaos liebt).“ Wer diese Stelle auf das österreichische Haus Habsburg übertrug, ist nicht gesichert. Aber es war mit großer Wahrscheinlichkeit während der Regentschaft von Kaiser Friedrich III. (1415–93). Denn der größte Coup, den „des Reiches Erzschlafmütze“ während seiner 53-jährigen Regierungszeit landete, war die Vermählung seines Sohnes Maximilian (1459–1519) mit Maria (1457–82), der reichen Erbin von Burgund. Maximilian, der manchmal persönlich als Autor des Spruches genannt wird, setzte später noch einen drauf, indem er seinem Sohn die Erbin von Spanien sicherte. Obwohl der Erfolg dieser Heiraten durchaus zwiespältig gesehen werden kann – er brachte dem Deutschen Reich einen jahrhundertelangen Konflikt mit Frankreich ein – hielt sich das Motto hartnäckig. Gelegentlich wird auch Matthias Corvinus von Ungarn (1443–90) als Verfasser genannt. Wahrscheinlicher jedoch ist, dass der unbekannte Autor den Ungarnkönig als Gegenpart zu den „glücklichen Österreichern" vor Augen hatte. Denn durch seine Eroberungen erreichte Ungarn seine größte Ausdehnung, zerfiel aber nach seinem Tod wieder.

Bellum omnium contra omnes

Krieg aller gegen alle

nach Thomas Hobbes
∗ 1588 † 1679

Thomas Hobbes

Als Einleitung zu seinem Werk *De Cive* (Vom Staat) schrieb der britische Philosoph Thomas Hobbes: „Ostendo primo conditionem hominum extra societatem civilem quam conditionem appellare liceat statum naturae aliam non esse quam bellum omnium contra omnes (Ich zeige zuerst, dass der Status von Menschen außerhalb einer Zivilgesellschaft, ein Status, den man als Naturzustand beschreiben könnte, nichts anderes als ein Krieg aller gegen alle ist)." Hobbes war überzeugt, dass nur ein möglichst starker und autoritärer Staat den Menschen Frieden und Sicherheit garantieren könne.

Biblia Pauperum

Die Bibel der Armen

nach Ansgar von Bremen
∗ 801 † 865

Als Armenbibeln werden mittelalterliche Drucke bezeichnet, auf denen verschiedene biblische Szenen dargestellt sind. Meistens wurden Motive aus dem *Alten* und dem *Neuen Testament* gegenübergestellt. Selten gab es auch kurze Texte. Der Erfinder solcher einfachen Bilderbibeln soll der heilige Ansgar gewesen sein, der als Missionar in Skandinavien wirkte. Der Ausdruck „Biblia Pauperum" stammt jedoch erst aus der frühen Neuzeit, als solche Darstellungen für das einfache Volk schon aus der Mode gekommen waren. Teilweise werden auch alle bildhaften Bibeldarstellungen bis hin zu Gemälden und Fresken als „biblia pauperum" bezeichnet, da sie dem Volk, das nicht lesen konnte, die biblischen Inhalte vermittelten.

Bis dat, qui cito dat

Zweifach gibt, wer schnell gibt

Publilius Syrus
1. Jh. v. Chr.

„Inopi beneficium bis dat, qui dat celeriter (Dem Bedürftigen gibt der zweimal seine Unterstützung, der sie schnell gibt)", schrieb der Schauspieler und Autor Publilius Syrus in einer Sammlung von Spruchweisheiten, was sich im römischen Sprachgebrauch zu „bis dat, qui cito dat" verkürzte. Die Sammlung ist das einzige, was von den Werken des Syrus erhalten ist. Sie war schon im alten Rom vor allem als Schullektüre sehr populär und wurde bis in das Mittelalter hinein durch zusätzliche Lebensweisheiten erweitert.

Bona Fide

In gutem Glauben

Juristischer Fachausdruck

Was passiert, wenn man eine Sache gekauft hat, und hinterher stellt sich heraus, dass der Verkäufer gar nicht berechtigt war, die Sache zu verkaufen? Wenn der Käufer bona fide oder in gutem Glauben gehandelt hat, also keine reelle Chance hatte zu erkennen, dass an der Sache etwas faul war, dann darf er die Sache behalten – vorausgesetzt, sie wurde dem rechtmäßigen Eigentümer nicht gestohlen, sondern gelangte legal, also etwa durch Leihen, in den Besitz des Verkäufers.

Caesar non supra grammaticos

Der Kaiser steht nicht über den Grammatikexperten

nach Sueton
(Gaius Suetonius Tranquillus)
∗ um 70 † um 140

Diesem Sprichwort liegen zwei ähnliche Anekdoten zugrunde. Der römische Kaiserbiograf Sueton erzählt, Kaiser Tiberius (42 v. Chr.–37 n. Chr.) sei einmal von einem Philologen namens Marcus Pomponius Marcellus wegen eines unlateinischen Wortes gerügt worden. Als jemand daraufhin erwiderte, durch den Gebrauch des Kaisers sei das Wort latinisiert worden, entgegnete Pomponius, Menschen könne der Kaiser das römische Bürgerrecht verleihen, Worten jedoch nicht. Der römisch-deutsche Kaiser Sigismund (1368–1437) dagegen soll, als er auf dem Konstanzer Konzil wegen eines Grammatikfehlers gerügt wurde, behauptet haben, der Kaiser stehe über einem Grammatikexperten. Das Sprichwort wurde dann wohl von Menschen geprägt, die anderer Ansicht waren.

Kaiser Tiberius

Caesar ora classem romanam

„Caesar Küste eine Flotte Römerin"

Schülerlatein

Dieser und ähnliche Scherze mit der lateinischen Sprache sind von Schülergeneration zu Schülergeneration weitergegeben worden. Dabei gibt es zwei unterschiedliche Varianten. Während bei der obigen die Wörter übersetzt, aber im Deutschen dann durch gleichklingende Wörter ersetzt werden müssen – etwa „küsste" statt „Küste" – müssen in anderen Fällen auf Lateinisch unsinnige Sätze deutsch gelesen werden: Etwa „Sita usui late in ista per canes (gelegen von Nutzen weit in dieser durch die Hunde)" ergibt „Sieht aus wie Latein, ist aber kaanes." Dabei wird oft auch Dialekt wie hier das hessische kaanes (keines) herangezogen.

Calamitate docti

Durch Schaden klug geworden

Marcus Tullius Cicero
∗ 106 † 43 v. Chr

Im Jahr 88 v. Chr. nutzte König Mithridates VI. von Pontus (132–63. v. Chr.) die römischen Bürgerkriege, um einen Aufstand in der

König Mithridates VI. von Pontus

römischen Provinz Asia (Westanatolien) zu provozieren. Dies war der Beginn der Mithridatischen Kriege, die nicht zuletzt zu einer Finanzkrise in Rom führten, da einige Großinvestoren viel Geld in Asia verloren hatten. An diese Tatsache erinnerte Cicero im Jahr 66 v. Chr., als er nachdrücklich dafür plädierte, im dritten Krieg gegen Mithridates den Feldherrn Lucius Licinius Lucullus (117–56 v. Chr.) – der Nachwelt vor allem als Feinschmecker in Erinnerung geblieben – durch Pompeius (106–48 v. Chr.) zu ersetzen.

Camera obscura

Dunkler Raum

Alhazen
(Abu Ali al-Hasan Ibn Al-Haitham)
∗ um 965 † um 1040

Eine Camera obscura ist ein dunkler Behälter oder auch ein ganzer Raum mit nur einem kleinen Loch an einer Seite. Fallen nun durch dieses Loch Lichtstrahlen in den Raum, wird auf die Wand, die dem Loch gegenüber liegt, ein auf dem Kopf stehendes Bild von angeleuchteten Gegenständen außerhalb der Camera projiziert. Dieses Prinzip entdeckte schon Aristoteles (384–322 v. Chr.) Der arabische Gelehrte Alhazan experimentierte um 980 mit einer Camera obscura und gab ihr ihren Namen, auf Arabisch „Al-Bayt al-Muthlim“. In der Folge benutzten Astronomen, Optiker und Künstler solche Apparate, deren Name später auch auf die Fotokameras übertragen wurde.

Captatio benevolentiae

Das Haschen nach Wohlwollen

nach Cicero
∗ 106 † 43 v. Chr.

Als berühmtester Redner seiner Zeit hat Cicero auch mehrere Werke über die Rhetorik, die Redekunst, geschrieben. *De inventione* dreht sich darum, wie man die Argumente aufbauen muss und seine Rede zu gestalten hat, um die Zuhörer für sich zu gewinnen. Cicero gibt detaillierte Anweisungen, wie man in den verschiedensten Fällen mit den Emotionen der Zuhörer spielt, sie fesselt, aufpeitscht, zu Mitleid anregt und auch ihr Wohlwollen für seine Sache gewinnt. Captatio benevolentiae hat dabei einen leicht negativen Beigeschmack. Es geht nicht nur um ein Werben um die Zuhörer, sondern um Manipulation und Penetranz.

Caput mundi

Haupt der Welt

Lucan (Marcus Annaeus Lucanus)
∗ 39 † 65

Mit diesem Beinamen pflegten die Römer ihre Hauptstadt zu bezeichnen. Die älteste bekannte Erwähnung findet sich in dem Versepos *Pharsalia* oder *Bellum civile* von Senecas Neffen Lucan. „Ipsa, caput mundi, bellorum maxima merces, Roma, capi facilis (Selbst das Haupt der Welt, der größte Preis der Kriege, Rom, war leicht anzueignen)“, schreibt er über den Bürgerkrieg zwischen Caesar (100–44 v. Chr.) und Pompeius (106–48 v. Chr.). Der Beiname hat seine Wurzeln wohl im Kapitol, dem Haupthügel Roms, auf dem die Tempel der drei höchsten Götter Jupiter, Juno und Minerva standen.

Die Römer interpretierten den Namen als „Caput Olis“, als Schädel- und Begräbnisstätte eines legendären Etruskerkönigs.

Carmina burana

Lieder aus Beuren

Johann Andreas Schmeller
∗ 1785 † 1852

Carl Orff

Im Jahr 1803 wurde im oberbayerischen Kloster Benediktbeuren eine Sammlung von über 240 Liedtexten aus dem 11. und 12. Jh. gefunden. Es handelte sich um sogenannte Vagantenlieder, also Lieder der Nichtsesshaften, zu denen damals auch fahrende Studenten und Kleriker gehörten. Der Sprachforscher Schmeller edierte die Liedersammlung für eine Veröffentlichung und gab ihr den Namen *Carmina burana*. Bekannt wurde vor allem die szenische Kantate von Carl Orff (1895–1982), für die er einige dieser Lieder vertonte und sie in eine Rahmenhandlung einfügte.

Carpe diem

Pflücke den Tag

Horaz (Quintus Flaccus Horatius)
∗ 65 † 8 v. Chr.

„... quam minimum credula posterum! (und traue dem nächsten so wenig wie möglich!)“ So lautet das berühmte Zitat des römischen Dichters Horaz vollständig. Es bildet den Abschluss eines Gedichtes, in dem er die fiktive Leukonoe davor warnt, die Zukunft mit babylonischer Astrologie oder ähnlich faulem Zauber zu ergründen. Stattdessen solle sie vernünftig leben und ihre Zeit nutzen. Das Motto wurde immer wieder aufgegriffen, z. B. im Barock vom Dichter Martin Opitz (1597–1639), der eines seiner Gedichte so betitelte, oder im Film *Der Club der toten Dichter* (1989).

Carum est, quod rarum est

Geschätzt ist, was selten ist

nach Sophronius
Eusebius Hieronymus
∗ 347 † 419

Diese Redewendung dürfte auf eine Stelle in den Briefen des heiligen Hieronymus zurückgehen, wo er schreibt: „Omne, quod rarum est, plus appetitur (Alles, was selten ist, wird mehr begehrt).“ Hieronymus streitet in diesem Brief mit einem gewissen Evangelus, ob Diakone oder Gemeindeälteste einen höheren Rang in der Kirche haben sollen. Er meint, aus den Schriften der Apostel lasse sich ein Vorrang der Ältesten herauslesen, aber da es weniger Diakone gebe, hielten manche Leute sie für etwas Besseres.

Casus belli

Kriegsgrund

Fachausdruck

Als „Casus belli“ bezeichnet man den unmittelbaren Auslöser eines Krieges. So war z. B.

Franklin Delano Roosevelt

das Attentat von Sarajewo der Casus belli für den Ersten Weltkrieg, obwohl es natürlich nicht in erster Linie wegen dieses Attentats zum Krieg gekommen ist. Im Zweiten Weltkrieg konnte US-Präsident Franklin Delano Roosevelt (1882–1945) Großbritannien lange Zeit nur indirekt unterstützen, da ein großer Teil der US-Amerikaner gegen einen Kriegseintritt war, bis der japanische Überfall auf Pearl Harbor 1941 für eine überwältigende Mehrheit des Volkes einen Casus belli darstellte. Immer wieder in der Geschichte wurden solche Kriegsauslöser aber auch fingiert bzw. kleinere Zwischenfälle aufgebauscht, um als Casus belli herhalten zu können.

Causa finita est

Die Sache ist beendet

Augustinus von Hippo
* 354 † 430

Wer diesen lateinischen Begriff benutzt, ist absolut entschlossen, sich auf keine Diskussion über diese Sache mehr einzulassen. So ging es auch dem heiligen Augustinus im Streit mit den Pelegianern, die die Vorstellung einer Erbsünde des Menschen ablehnten. Entnervt erklärte Augustinus im Jahr 417 in einer Predigt: „Iam enim de hac causa duo concilia missa sunt ad Sedem Apostolicam: inde etiam rescripta venerunt. Causa finita est! (Denn wegen dieser Sache sind schon zwei Abordnungen zum Apostolischen Stuhl gesandt worden: Von dort sind auch Antwortschreiben gekommen. Der Fall ist beendet).“ Später verkürzte man seine Aussage zu „Roma locuta, causa finita (Rom hat gesprochen, Fall erledigt)“.

Cave canem!

Hüte dich vor dem Hund!

Römische Redewendung

Wer sich heute einen Wachhund hält, bringt üblicherweise ein Schild mit der Aufschrift „Vorsicht bissiger Hund“ am Zaun oder der Haustür an, um keine versehentlichen Zusammenstöße zwischen dem Tier und harmlosen Besuchern zu provozieren. Das war im alten Rom nicht anders. Zu den bekanntesten Kunstwerken aus der vom Vesuv verschütteten Stadt Pompeji gehört ein Bodenmosaik, auf dem ein recht aggressiv wirkender Wachhund an der Kette und der Schriftzug „Cave canem“ zu sehen sind.

Celerius quam asparagi cocuntur

Schneller als Spargel gekocht ist

Gaius Octavius Augustus
* 63 v. Chr. † 14 n. Chr.

Dies, so schreibt der römische Kaiserbiograf Sueton (um 70–140), sei einer der Lieblingssprüche des Kaisers Augustus gewesen, der sich überhaupt oft einer sehr eigenen Ausdrucksweise befleißigt habe. Der Kaiser habe damit übereilte Aktionen gerügt. Da Spargel aber bis zu 25 Minuten braucht, bis er weich ist, kann man darüber rätseln, ob Spargel in Rom halb roh verzehrt wurde oder ob Augustus' Zeitvorstellungen doch etwas merkwürdig waren.

Ceterum censeo …

Im Übrigen beantrage ich …

Marcus Porcius Cato Censorius der Ältere ∗ 234 † 149 v. Chr.

„… Carthaginem esse delandam (dass Karthago zerstört werden muss)". Mit diesem Satz, so berichtet der Schriftsteller Plutarch (um 45–125), habe der römische Politiker Cato jede seiner Reden im Senat beendet. Er fürchtete, dass das 202 v. Chr. geschlagene Karthago irgendwann wieder erstarken und sich für die Niederlage rächen würde. 150 v. Chr. begann Rom tatsächlichen den Dritten Punischen Krieg, der nach vier Jahren mit der totalen Vernichtung der nordafrikanischen Stadt endete. Catos Satz wird auch oft anders zitiert, z. B. „Carthago delenda est". Das liegt daran, dass Plutarch Griechisch schrieb und es keine lateinische Originalversion gibt.

Cato der Ältere

Christianos ad leones!

Die Christen vor die Löwen

Tertullian (Quintus Septimius Florens) ∗ um 150 † um 230

In der römischen Antike war es üblich, zum Tode Verurteilte in der Arena öffentlich von Löwen zerreißen zu lassen. Das galt während der frühen Christenverfolgungen auch für die als Staatsfeinde angesehenen Christen. Im Jahr 197 verfasste der frühchristliche Theologe Tertullian eine *Apologie*, eine Verteidigungsschrift, angesichts der wachsenden Christenverfolgung in Karthago. Darin geißelte er jene, die bei jeglichem Unglück, das geschehe, den Christen die Schuld gaben. „Wenn der Tiber bis in die Stadtmauern steigt, wenn der Nil nicht bis über die Feldfluren steigt, wenn die Witterung nicht umschlagen will, wenn die Erde bebt, wenn es eine Hungersnot, wenn es eine Seuche gibt, sogleich wird das Geschrei gehört: Die Christen vor die Löwen!"

Christus mansionem benedicat

Christus segne dieses Haus

Religiöse Segensformel

Wenn am 6. Januar als Sternsinger verkleidete Kinder und Jugendliche von Haus zu Haus ziehen, dann schreiben sie mit Kreide einen Segensspruch über die Tür. Jeweils zwei Ziffern der aktuellen Jahreszahl umrahmen die Formel C + M + B. Dieses bedeutet „Christus mansionem benedicat" und nicht wie oft vermutet „Caspar, Melchior und Balthasar". Im Gegenteil: Die gebräuchlichen Namen der zu drei Königen uminterpretierten Sternendeuter aus der Bibel entstanden aus diesem alten Segensspruch heraus.

Sternsinger

Circulus vitiosus

Fehlerhafter Kreis

Aristoteles
∗ 384 † 322 v. Chr.

Der Ausdruck wird oft für einen Teufelskreis gebraucht, in den Menschen hineingeraten und aus dem es keinen Ausweg mehr gibt. Gemeint war aber ursprünglich nur ein Denkfehler, auf den erstmals Aristoteles in seiner *Ersten Analytik* aufmerksam machte. Er warnte davor, bei dem Versuch, eine Aussage zu beweisen, die Aussage selbst als Voraussetzung zu nehmen, was er als „hysteron proteron (das Spätere vor dem Früheren)" bezeichnete. Im Lateinischen wurde daraus der „Circulus vitiosus" und im Deutschen spricht man in der Regel vom Zirkelschluss, wenn man einen Folgefehler und keinen Teufelskreis meint.

Citius, altius, fortius

Schneller, höher, stärker

Henri Didon
∗ 1840 † 1900

Pierre de Coubertin

Dieses Motto gab der französische Dominikanermönch Henri Didon einem Schulsportfest, das er organisiert hatte. Für Didon war Sport ein wichtiger Teil der Erziehung, weil er Jugendlichen sowohl Selbstvertrauen als auch Disziplin beibrachte. 1894 schlug sein Freund Pierre de Coubertin (1863–1937) die drei Worte als offizielles Motto für die Olympischen Spiele vor, die auf seine Initiative hin wiederbelebt worden waren. Im Deutschen spricht man meist von „Höher, schneller, weiter". Im Lateinischen steht „altius" jedoch generell für eine Ausdehnung, also sowohl für hoch als auch für weit. Im Zeitalter der Kommerzialisierung des Sports und des massiven Dopings entwickelt sich das olympische Motto schrittweise zum Synonym für Kritik am ungezügelten Rekordstreben.

Cito mors ruit

Der Tod reitet schnell

Emanuel Geibel
∗ 1815 † 1884

Theodor Fontane

Diesen Titel gab der Romantiker Emanuel Geibel einem seiner Gedichte, das mit den Worten „Der schnellste Reiter ist der Tod" beginnt und wie ein mittelalterlicher Totentanz schildert, wie Menschen jeden Standes dahingerafft werden. Vermutlich verwendete Geibel aber nur ein geläufiges Sprichwort, da „Cito mors ruit" auch als Zitat in dem 1878 erschienenen Roman *Vor dem Sturm* von Geibels Zeitgenossen Theodor Fontane (1819–1898) vorkommt.

Cogito, ergo sum

Ich denke, also bin ich

René Descartes
∗ 1596 † 1650

Der Franzose Descartes – manchmal auch latinisiert Cartesius genannt – gilt vielen als der erste moderne Philosoph, weil er den Zweifel zur Grundlage jeglicher Erkenntnis machte. Descartes ging in seiner Skepsis so weit, dass er sich fragte, welche Gewissheit er eigentlich habe, dass er selbst existiere. Schließlich könne es ja auch nur Täuschung sein, dass er meine, in seinem Wohnzimmer im Lehnstuhl zu sitzen. Schließlich kam er zu der Gewissheit: „Das Denken ist's. Es allein kann nicht von mir getrennt werden." Seine berühmte Schlussfolgerung formulierte er erstmals 1637 in seinem *Discours de la méthode* auf Französisch: „Je pense, donc je suis", später in der *Principia philosophiae* (1644) „Ego cogito, ergo sum". Er betonte das „Ich" also mehr als in der geläufigen Formel.

Coitus interruptus

Unterbrochene Vereinigung

Fachausdruck

Als Coitus interruptus wird Geschlechtsverkehr bezeichnet, der möglichst kurz vor dem Samenerguss abgebrochen wird. Damit soll eine mögliche Schwangerschaft verhindert werden, was jedoch oftmals misslingt, sodass es sich nicht nur um eine unbefriedigende, sondern auch äußerst unsichere Verhütungsmethode handelt. Wie bei so vielen sexuellen Dingen gibt es dafür außer Slang-Ausdrücken keinen deutschen Begriff.

Concordia domi, foris pax

Eintracht daheim, draußen Frieden

Inschrift am Holstentor

Diese 1871 angebrachte Inschrift auf dem Holstentor, dem Wahrzeichen der Hansestadt Lübeck, ist nur eine Abkürzung einer älteren, nicht mehr vorhandenen, die „sane res est omnium pulcherrima (Das ist in der Tat für alle das schönste)" weiterging. Eine Weitere lautet: „1477 S. P. Q. L. 1871". Die Jahreszahlen stehen für das Datum der Erbauung des Holstentors und die Gründung des Deutschen Kaiserreiches, die Buchstaben nach dem römischen Vorbild S. P. Q. R. für „Senatus populusque Lubecensis (Senat und Volk von Lübeck)".

Das Holstentor, Wahrzeichen der Stadt Lübeck

Concursus

Zusammenlaufen

Fachausdruck

Ein Konkurs ist ein Bankrott bzw. eine Zahlungsunfähigkeit. Lateinisch heißt concursus jedoch das Zusammenlaufen. Vermutlich ist das Wort „Konkurs" eine Abkürzung von „concursus creditorum", dem Zusammenlaufen der Gläubiger. Im Übrigen hat auch der parallel verwendete Begriff „Insolvenz" lateinische Wurzeln. Insolvens heißt nichtlösend und steht dafür, dass jemand seine Schuldscheine nicht mehr einlösen kann.

Condicio sine qua non

Bedingung, ohne die nicht

Fachausdruck

In der Logik und der Rechtsprechung bezeichnet man mit condicio sine qua non eine Vorbedingung, ohne die es nicht zu einem bestimmten Resultat gekommen wäre. Wenn z. B. ein Mensch zum Tode verurteilt und hingerichtet wird, ist das Todesurteil eine condicio sine qua non und nicht die Tatsache, dass ein bestimmter Henker die Tat ausgeführt hat. Denn falls dieser Henker ausgefallen wäre, hätte ein anderer die Hinrichtung vollzogen. Daneben bezeichnet man auch manchmal nicht verhandelbare Positionen als condicio sine qua non.

Confessio Augustana

Augsburger Bekenntnis

Philipp Melanchthon
(Schwartzerdt)
∗ 1497 † 1560

Philipp Melanchthon

1530 sollte auf dem Reichstag von Augsburg der Konflikt um die Glaubensspaltung im römisch-deutschen Kaiserreich geklärt werden. Um eine Diskussionsgrundlage zu haben, verpflichtete Kaiser Karl V. (1500–1558) beide Konfessionen, ihre Positionen schriftlich festzuhalten. Für die Protestanten verfasste der Reformator Melanchthon eine Bekenntnisschrift, die die Glaubensinhalte festlegte und noch heute das zentrale Dokument für die evangelisch-lutherische Konfession ist. Auf dem Reichstag wurde aber keine Einigung erzielt und erst 1555 ebenfalls in Augsburg ein Religionsfrieden mit jenen Fürsten geschlossen, die sich hinter die Confessio Augustana stellten – das bedeutete, nur mit den lutherischen Protestanten, aber nicht mit den Calvinisten.

Contra vim mortis non est medicamen in hortis

Gegen die Gewalt des Todes gibt es im Garten kein Heilmittel

Regimen sanitatis Salernitanum

Diese Weisheit findet sich in dem Gedicht *Regimen sanitatis Salernitanum* (Anleitung zur Gesundheit aus Salerno) oder *Flos medicinae* (Blume der Medizin), das in gereimter Form allerlei Gesundheitstipps und Weisheiten enthält. Es war sehr populär und entstand zwischen dem 11. und 13. Jh., möglicherweise in der berühmten Heilschule der Benediktiner in Salerno, nach der es benannt ist. Ein anderer populärer Vers: „Si tibi deficiant medici, medici tibi fiant haec tria: mens laeta, requies, moderata diaeta (Wenn die Ärzte an dir scheitern, helfen dir diese drei Ärzte: ein fröhlicher Sinn, Ruhe, eine moderate Lebensweise)."

Contradictio per se

Widerspruch in sich

Fachausdruck

Als „Contradictio per se" oder „Contradictio in Terminis (Widerspruch in Begriffen)" oder „Contradictio in Adjecto (Widerspruch im

Attribut)" bezeichnet man eine Aussage, die in sich selbst widersprüchlich ist, so etwa „friendly fire (freundlicher Beschuss)", die englische Bezeichnung, wenn Soldaten im Kampf von Verbündeten beschossen werden. Viele solcher Widersprüche werden bewusst gebildet, z. B. „Hassliebe" oder „stummer Hilfeschrei". Das Wort wird gelegentlich auch polemisch verwendet, etwa wenn jemand meint, militärische Intelligenz wäre eine Contradictio per se.

Coram publico

Angesichts der Öffentlichkeit

Fachausdruck

„Öffentlich" oder „vor aller Augen" bedeutet diese Redewendung. Sie wird benutzt, wenn die Öffentlichkeit bewusst gesucht wird. In der Studentensprache leitet sich davon der Ausdruck „koramieren" ab. Dies bedeutete, jemandem in der Öffentlichkeit einen Streit aufzudrängen, um dann Satisfaktion (lat. Genugtuung), also ein Duell, zu fordern.

Corpus Delicti

Tatbestand

Prosper Farinacius
* 1544 † 1618

Als Corpus Delicti bezeichnet man umgangssprachlich gerne ein Tatwerkzeug oder einen Beweisgegenstand. Doch in seinem Kern ist der Begriff so einfach nicht. Der römische Rechtsgelehrte Prosper Farinacius schrieb: „Primum inquisitionis requistium est probatio corporis delicti (Das Erste bei einer richterlichen Untersuchung ist die Prüfung des Körpers des Delikts)." Mit dem „Körper eines Delikts" aber meinte er den Tatbestand, das, was die Tat eigentlich ausmacht und als Verbrechen ausweist, also z. B. den Nachweis, ob wirklich ein Mord geschehen ist.

Crambe repetita

Aufgewärmter Kohl

Juvenal
(Decimus Junius Juvenalis)
* um 60 † nach 127

Eigentlich schmecken Kohlgerichte nach dem Aufwärmen meist noch einmal so gut. Das gilt jedoch nicht für den Meerkohl Crambe, eine Delikatesse, die nur jung und frisch genießbar ist. In seinen Satiren schreibt der römische Dichter Juvenal, aufgewärmter Meerkohl, also die ständige stupide Beschäftigung mit „aufgewärmten Gedanken", richte viele arme

Meerkohl

Lehrer zugrunde (Occidit miseros crambe repetita magistros). Überhaupt beschäftigt sich die siebte seiner Satiren mit dem Bildungsnotstand, den er im Rom seiner Zeit sah.

Creatio ex nihilo

Schöpfung aus dem Nichts

Theophilos von Antiochia
† um 183

Während man in der Antike der Überzeugung war, dass „aus nichts nichts wird (siehe: Ex nihilo nihil), dass die Erde also aus irgendeiner Substanz geschaffen worden sein muss, setzte sich in der christlichen Theologie die Überzeugung durch, dass Gott den Kosmos tatsächlich aus dem vollständigen Nichts erschaffen hat. Die Vorstellung einer „creatio ex nihilo" entstand im 2. Jh. bei Kirchenlehrern, die sich mit griechischen Philosophen wie Theophilos von Antiochia und Tatian auseinandersetzten.

Credo

Ich glaube

Gebetsformel

„Credo" lautet das erste Wort des christlichen Glaubensbekenntnisses. Es ist aber auch der lateinische Name für das gesamte Gebet. Der Text soll auf den Kirchenkonzilen von Nicäa (325) und Konstantinopel (381) erarbeitet worden sein. Wenn man sagt, dass jemand „sein Credo spricht", dann sind meist im übertragenen Sinne besonders tiefe Überzeugungen gemeint.

Credo quia absurdum

Ich glaube, weil es widersinnig ist

nach Tertullian
(Quintus Septimius Florens)
∗ um 150 † um 230

In seinem Werk *Über das Fleisch Christi* schreibt der frühchristliche Theologe Tertullian, den Tod von Gottes Sohn am Kreuz und seine Auferstehung habe es mit Sicherheit gegeben, da dies unmöglich sei. Er meinte damit, etwas derart Unrealistisches würde niemand erfinden. Also müsse es wahr sein. Etwa im 17. Jh. wurde daraus das Argument „Credo quia absurdum". Vermutlich wurde die Aussage in bewusstem Gegensatz zu der modernen philosophischen Strömung des Rationalismus getroffen, die Descartes (1596–1650) begründet hatte.

René Descartes

Cui bono?

Wem zum Nutzen?

Marcus Tullius Cicero
∗ 106 † 43 v. Chr.

Mit geschliffenen Formulierungen und messerscharfer Argumentation wurde Marcus Tullius Cicero zum besten Anwalt und Redner seiner Zeit. Die Frage, wer eigentlich von einer Tat profitiere, benutzte er immer wieder, um seine Zuhörer zu überzeugen. Doch er gab offen zu, dass dieser Gedanke nicht auf seinem Mist gewachsen war. In seiner Rede für einen gewissen Roscius Amerinus kann man nachlesen:

„L. Cassius ille quem populus Romanus verissimum et sapientissimum iudicem putabat identidem in causis quaerere solebat 'cui bono' fuisset (Der berühmte L. Cassius, den das römische Volk als ehrlichsten und weisesten Richter kennt, pflegte in Prozessen gewöhnlich nachzufragen: Zu wessen Nutzen?)." Lucius Cassius Longinus Ravilla war im 2. Jh. v. Chr. Zensor und Richter in Rom.

Cui honorem, honorem

Ehre, wem Ehre gebührt

Paulus von Tarsus
† um 65

Der schreibende Paulus in einer frühmittelalterlichen Ausgabe seiner Briefe

Das 13. Kapitel im *Römerbrief* des Apostels Paulus ist eines der umstrittensten. Darin fordert er nämlich, dass sich jeder der vorgesetzten Obrigkeit unterwerfen solle, da jede Obrigkeit von Gott komme. Eine Anweisung, die sich in keiner Weise bei Jesus findet und später von vielen Machthabern missbraucht worden ist. In der lateinischen Übersetzung endet die Passage mit der Forderung: „Reddite omnibus debita: cui tributum tributum, cui vectigal vectigal, cui timorem timorem, cui honorem honorem (Gebt allen zurück, was ihr schuldet: Tribut, wem Tribut gebührt, Abgaben, wem Abgaben gebühren, Furcht, wem Furcht gebührt, Ehre, wem Ehre gebührt)."

Cuius regio, eius religio

Wessen Region, dessen Religion

Augsburger Religionsfriede

Im Jahr 1555, 38 Jahre nach der Veröffentlichung von Martin Luthers Thesen gab Kaiser Karl V. (1500–58) den Versuch auf, den Protestantismus in Deutschland wieder auszurotten. Er ließ seinen Bruder Ferdinand (1503–64) mit den deutschen Fürsten den Augsburger Religionsfrieden schließen. Darin wurde jedem Fürsten erlaubt, frei zwischen Katholizismus und Protestantismus zu entscheiden. Seine Untertanen hatten jedoch keine Wahl. Sie mussten sich dem Bekenntnis ihres Fürsten anschließen, was zu dem Schlagwort „cuius regio, eius religio" führte. Erst nach dem Ende des Dreißigjährigen Krieges im Jahr 1648 durfte jeder seine Religion selbst wählen.

Cum grano salis

Mit einem Körnchen Salz

Plinius der Ältere
*** um 23 † 79**

Eine Sache „cum grano salis" zu behandeln, das bedeutet, sie nicht hundertprozentig ernst zu nehmen, sondern sie je nach Sachlage entweder mit Humor oder mit gesunder Skepsis zu bewerten. Die Redensart geht auf die *Naturgeschichte* des römischen Gelehrten

Plinius der Ältere

Gaius Plinius des Älteren zurück. Dort berichtet er von einem angeblichen Mittel gegen Schlangengift, das der römische General Pompeius (106–48 v. Chr.) gefunden haben soll. Dieses solle man „additio salis grano (unter Zugabe eines Salzkorns)“ einnehmen. Ob diese Bemerkung tatsächlich Teil von Pompeius' Rezept war oder ob Plinius auch schon andeuten wollte, man solle die Mixtur nicht zu ernst nehmen, ist jedoch nicht gesichert.

Cum tacent, clamant

Indem sie schweigen, schreien sie

Marcus Tullius Cicero
* 106 † 43 v. Chr.

So deutete jedenfalls Cicero in seiner ersten Rede gegen den Verschwörer Catilina (um 108–62 v. Chr.) die Reaktion seines Publikums, des römischen Senats. Tatsächlich rückten die Senatoren während Ciceros Rede schweigend von Catilina ab. Das „beredte Schweigen“ wurde von Cicero übrigens gerne und oft in seinen Reden herangezogen. Aber damit war er nicht der Erste. Auch beim griechischen Tragödiendichter Euripides (um 480–406 v. Chr.) und dem römischen Komödienschreiber Terenz (um 195–159 v. Chr.) heißt es schon über auftretende Figuren, sie würden durch ihr Schweigen sprechen.

Cicero spricht vor dem römischen Senat

Cum/sine tempore

Mit/ohne Zeit

Fachausdruck

Schon so mancher Neustudent, der pünktlich zur angegebenen Stunde in einem Hörsaal aufgetaucht ist, wird sich gewundert haben, dass er allein auf weiter Flur stand. Denn vielerorts ist es in Deutschland noch üblich, dass Vorlesungen grundsätzlich eine Viertelstunde später anfangen, als im Vorlesungsverzeichnis angegeben. Ist eine Zeitangabe ausnahmsweise so gemeint, wie sie da steht, trägt sie den Vermerk s.t. (sine tempore). Vermutlich rührt diese Gepflogenheit daher, dass früher in der ersten Viertelstunde der Stoff vom letzten Mal wiederholt wurde und man erst eine Viertelstunde später auftauchen musste, um nichts zu verpassen.

Curriculum Vitae

Der Lauf des Lebens

Marcus Tullius Cicero
* 106 † 43 v. Chr.

Es ist noch nicht lange her, da fügte man Bewerbungen keinen Lebenslauf bei, sondern ein „Curriculum Vitae“. Doch mit dem handgeschriebenen, nicht tabellarisch, sondern als Fließtext angelegten Lebenslauf ist auch der vornehme Begriff „Curriculum Vitae“ beinahe verschwunden. Er geht auf eine Rede von Cicero zurück, in der er seinen Freund Rabirius verteidigt, der auf Betreiben Caesars angeklagt war, weil er 40 Jahre zuvor an der Niederschlagung eines Volksaufstandes beteiligt war, bei der der Anführer ums Leben kam. In dieser sehr pathetischen Verteidigungsrede beschwört Cicero die Taten jener großen Männer, die sich zur Rettung der Republik nicht scheuten, Blut zu vergießen und erklärt: „Exiguum nobis vitae curriculum natura circumscripsit, immensum gloriae (Eng hat die Natur den Lauf unseres Lebens begrenzt, unermesslich den unseres Ruhmes).“

Damnatio memoriae

Verdammung des Andenkens

Antiker Brauch

Im alten Rom konnte ein Verräter durch den Senat zur damnatio memoriae verurteilt werden. Das bedeutete, dass sein Name aus offiziellen Dokumenten getilgt und seine Bildnisse entfernt wurden. Die Nachwelt sollte vergessen, dass dieser Mensch je gelebt hatte. Gelungen ist dies jedoch nur selten, vor allem da so mancher verdammter Kaiser wie z. B. Nero (37–68) später wieder rehabilitiert wurde. Genauso wenig gelang es im alten Ägypten, die Erinnerung an den „Ketzerpharao“ Echnaton (14. Jh. v. Chr.) auszulöschen. Auch in der Stalinzeit wurde versucht, in Ungnade gefallene Parteikader dem Vergessen anheim zu geben, indem man sie nicht mehr erwähnte oder Fotos retuschierte.

Echnaton

Datum

Gegeben

Lehnwort

Wollte man im Mittelalter auf einer Urkunde oder einem Brief den genauen Tag der Erstellung angeben, dann vermerkte man darauf „datum die ... (gegeben am Tag ...)“. Es folgten dann der Name des Tagesheiligen und die Jahreszahl. Aus dieser Gewohnheit entwickelte sich unser Wort „Datum“.

Davus sum, non Oedipus

Ich bin Davus, nicht Ödipus

Terenz (Publius Terentius Afer)
∗ um 195 † um 159 v. Chr.

In Terenz' Komödie *Andria* (Das Mädchen aus Andros) hilft der Sklave Davus dem Sohn seines Herrn, ein vermeintlich unpassendes Mädchen zu heiraten. Als ihn Simo, sein Herr, zur Rede stellt, gibt er vor, nicht zu verstehen, worum es geht, und antwortet mit obigem Spruch. Dazu muss man wissen, dass Davus ein typischer Sklavenname ist und der mythologische König Ödipus von Theben in der Antike nicht nur dafür berüchtigt war, dass er seinen Vater getötet und seine Mutter geheiratet hat, sondern auch für seine Klugheit, denn er löste das Rätsel der Sphinx, was vor ihm noch niemandem gelungen war. Davus wirft seinem Herrn also vor, dass man von einem Sklaven nicht erwarten könne, so klug wie Ödipus zu sein.

De facto

In der Tat

Fachausdruck

Der Ausdruck „de facto“ wird gebraucht, um auszudrücken, dass Dinge tatsächlich anders sind, als sie sich rechtlich oder nominell verhalten. Dem steht oft der Ausdruck „de iure (von Rechts wegen)“ gegenüber. Zwei Partner ohne Trauschein sind etwa de iure ledig, während sie de facto nicht anders leben als ein verheiratetes Paar auch. Beide Begriffe werden oft im Völkerrecht genutzt, z. B. wenn die Macht in einem Land de facto in ganz anderen Händen liegt als de iure.

De gustibus non est disputandum

Über Geschmäcker kann man nicht streiten

Römisches Sprichwort

Unser viel verwendetes Sprichwort „Über Geschmack lässt sich nicht streiten“ war auf Lateinisch schon im Mittelalter gebräuchlich. Wann und wo es aber entstand, ist unbekannt. Von den großen Dichtern und Denkern der Antike hat sich jedenfalls keiner so geäußert.

De mortuis nil nisi bene

Über die Toten nichts, wenn nicht gut

nach Solon von Athen
∗ um 640 † 560 v. Chr.

Solon von Athen

Über die Toten soll man nichts Schlechtes sagen, wird dieser Spruch oft übersetzt. Die eigentliche Bedeutung ist jedoch ein klein wenig anders. Es wird nämlich gefordert, über Tote nicht oder nur wohlwollend zu reden. Es kommt also mehr auf die eigene Haltung als auf die Inhalte an. Das Sprichwort soll laut Plutarch (um 45–125) auf eine Äußerung des griechischen Gesetzgebers Solon zurückgehen, der forderte: „me legein kakos ton tethneota (nicht bösartig über die Toten reden)“. Der griechische Historiker Diogenes Laertios (3. Jh.) dagegen meint, der Urheber des Spruches sei der spartanische Politiker Chilon (6. Jh. v. Chr.) gewesen, der wie Solon zu den „Sieben Weisen“ gezählt wird.

De nihilo nihil

Nichts von Nichts

Lukrez (Titus Lucretius Carus)
∗ 98 † 55 v. Chr.

Diese Schlussfolgerung findet sich in dem Lehrgedicht *De rerum natura* (Von der Natur der Dinge) von Lukrez. Darin legt er sehr modern anmutende Vorstellungen von der Entwicklung der Welt durch eine allmähliche Evolution dar. Ein Eingreifen der Götter verneint er strikt. Der Gedanke, dass alles eine Ursache haben muss, weil Nichts von Nichts kommt, findet sich allerdings schon bei Aristoteles (384–322 v. Chr.)

De profundis

Aus der Tiefe

Psalm 130

„... clamavi a te domine (rufe ich zur dir, o Herr)“. So beginnt der biblische Psalm 130. Es

Johann Sebastian Bach

handelt sich dabei um ein Bittgebet aus höchster Not, das Bestandteil der katholischen Totenliturgie ist, aber auch viele Künstler inspiriert hat. Dazu zählen unter anderem die Komponisten Orlando di Lasso, Marc Antoine Charpentier, Johann Sebastian Bach und Krzysztof Penderecki. Georg Trakl schrieb ein Gedicht mit diesem Titel, in dem er von einem toten Mädchen erzählt, deren Gebete nur auf Schweigen stießen. Oscar Wilde setzte die Worte über einen Brief, den er aus dem Zuchthaus an seinen untreuen Geliebten Lord Alfred Douglas schrieb.

Dei gratia

Durch Gottes Gnaden

Paulus von Tarsus
† um 65

Mit diesem Schlagwort pflegten Herrscher jahrhundertelang, ihren Anspruch auf Macht, Reichtum und Staatsgewalt zu rechtfertigen. Je absoluter sie ihre Herrschaft gestalteten, desto intensiver wurde der ferne Gott bemüht. Der Ansatz geht auf eine Stelle im ersten Korintherbrief des Apostels Paulus zurück, wo er schreibt: „Doch durch die Gnade Gottes bin ich, was ich bin." Dieser Satz ist aber in eine Art Entschuldigung eingebettet, in der Paulus erklärt, seine ganze Stellung beruhe nicht auf eigenem Verdienst, sondern eben nur auf der Gnade Gottes, der ihn zu einem herausragenden Werkzeug seiner Verkündigung gemacht habe.

Delirum tremens

Zitterndes Irresein

Medizinischer Fachausdruck

In der Umgangssprache wird Delirium (von lat. delirus, wahnsinnig) oft als Bezeichnung für einen schweren Rausch benutzt, in dem der Betroffene unzusammenhängende Dinge faselt und weiße Mäuse oder Ähnliches sieht. In der medizinischen Fachsprache handelt es sich jedoch um einen Zustand, der bei schwer alkohol- oder drogenkranken Menschen während des Entzugs auftreten kann. Durch Hirnstörungen sind sowohl das Bewusstsein als auch die Motorik gestört, sodass es zu einem charakteristischen Zittern kommt. Ein Delirium tremens kann sogar tödlich enden.

Deus ex machina

Gott aus der Maschine

nach Platon
* 427 † 347 v. Chr.

Platon

In Platons Dialog *Kleitophon* meint der Titelheld, dass der Philosoph Sokrates (469–399 v. Chr.) – der Lehrer des Platon – oft wie ein Gott auf einer Theater-Maschine auftrete. Damit spielt er auf die Gewohnheit in griechischen Dramen an, eine verwickelte Handlung am Ende durch eine Gottheit lösen zu lassen, die mithilfe einer kranartigen Bühnenmaschine zu Boden schwebt, so z. B. in den *Eumeniden* des Aischylos oder der *Iphigenie* des Euripides. Deus ex machina steht für ein völlig unerwartetes Auftauchen, aber auch für unlösbare Konflikte („Da müsste schon ein deus ex machina auftauchen").

Deus sum, si hoc ita est

Ich bin ein Gott, wenn das so ist

Terenz
(Publius Terentius Afer)
* um 195 † um 159 v. Chr.

Die Redewendung „Wenn das stimmt, dann bin ich..." ist auch heute noch oft zu hören, wenn jemand seinen Unglauben ausdrücken will. Genauso geht es dem jungen Pamphilus in Terenz' Stück *Hecyra* (Die Schwiegermutter). Als sein Diener Parmeno, der ihm bei einer Intrige beisteht, versichert, vorsichtig gewesen zu sein, behauptet Pamphilus sogar, Gott sein zu wollen, wenn dies wahr sei. Am Ende des Stückes zeigt sich aber, dass Pamphilus wenig Grund zu Spott und Tadel hat, denn es ist sein leichtsinniges Verhalten, das alle Verwicklungen ausgelöst hat.

Deus vult!

Gott will es

Schlachtruf
der Kreuzzüge

Am 27. November 1095 rief Papst Urban II. (um 1042–1099) in Clermont seine Zuhörer in einer dramatischen Rede zum Ersten Kreuzzug auf, um die muslimischen Seldschuken von den heiligen Städten des Christentums zu vertreiben. Die Menge soll ihm mit dem Ruf „Deus vult" bzw. im mittelalterlichen Latein „Deus lo vult" geantwortet und sich Stoffkreuze an die Kleidung geheftet haben, was als Teilnahmegelübde verstanden wurde. „Deus vult" wurde zum allgemeinen Schlachtruf der Kreuzzüge.

Diem perdidi

Ich habe einen Tag verloren

Titus
* 39 † 81

Kaiser Titus

„Jeden Tag eine gute Tat" lautet ein altes Pfadfinder-Motto. Glaubt man dem römischen Kaiserbiografen Sueton (um 70–140), dann lebte auch Kaiser Titus nach diesem Motto. Titus sei äußerst großzügig gewesen, schreibt Sueton, und er sei bestrebt gewesen, dass niemand nach einer Audienz bei ihm sorgenvoll wieder gehen müsse. An einem Abend, an dem er jedoch niemandem eine Wohltat erwiesen habe, sagte er an der Tafel: „Amici, diem perdidi (Freunde, ich habe einen Tag verloren)."

Dies ater

Schwarzer Tag

Titus Livius
* um 59 v. Chr. † um 17 n. Chr.

Mit diesem Begriff bezeichnete der römische Geschichtsschreiber Livius den Tag, an dem die Römer die Schlacht an der Allia gegen ein keltisches Heer unter der Führung von Brennus verloren (18. Juli 390 v. Chr. oder 387 v. Chr.). Anschließend rückten die Kelten gegen das nur etwa zehn Kilometer entfernt liegende Rom vor. Angeblich warnte das Schnattern der Gänse die Einwohner, sodass sie sich auf dem Kapitol verschanzen konnten. Der Rest der Stadt wurde aber verwüstet und geplündert. Nach siebenmonatiger Belagerung zogen die

Kelten endlich ab, nachdem ihnen ein hohes Lösegeld ausgezahlt worden war (siehe: Vae victis!). Mit der Zeit wurden immer mehr „Schwarze Tage", die an unglückliche Ereignisse erinnerten, in den römischen Kalender aufgenommen. An diesen Tagen waren bestimmte Tätigkeiten, vor allem auch politischer Art, untersagt, da man befürchtete, sie seien noch immer vom Unglück überschattet.

Dies diem docet

Ein Tag lehrt den anderen

Publilius Syrus
1. Jh. v. Chr.

Mit diesem Spruch drückte man im alten Rom die Erfahrung aus, dass man aus der Vergangenheit lernt oder zumindest lernen kann. In der Sprüche-Sammlung des Publilius Syrus ist er noch nicht ganz so kurz und knackig gefasst. Dort steht: „Discipulus est prioris posterior dies (Ein Schüler des vergangenen ist der nachfolgende Tag)."

Dies irae

Tag des Zorns

Thomas von Celano
∗ 1190 † 1260.

„Dies irae dies illa solvet saeclum in favilla (Der Tag des Zorns, jener Tag löst die Welt in Asche auf)", beginnt eine Dichtung über den Jüngsten Tag, an dem Gott laut den Prophezeiungen der Bibel ein Weltgericht über die ganze Menschheit abhalten wird. Sie wird meist dem Franziskanermönch Thomas von Celano zugeschrieben, könnte aber auch etwas älter sein. Sie war äußerst populär und wurde von vielen Kirchenkomponisten vertont. Bis 1970 war sie Teil der katholischen Totenmesse, wurde aber vom Zweiten Vatikanischen Konzil gestrichen, da man die Beschreibung des Jüngsten Tages als reines Schreckensgericht für theologisch fragwürdig ansah. Der deutsche Text beginnt mit „Tag der Rache, Tag der Sünden, wird das Weltall sich entzünden ..."

Darstellung des Jüngsten Gerichts nach Michelangelo

Difficile est, satiram non scribere

Es ist schwer, keine Satire zu schreiben

Juvenal
(Decimus Iunius Iuvenalis)
∗ um 60 † nach 127

In der ersten seiner berühmten Satiren erklärt Juvenal, warum er nicht mehr länger nur ein Zuhörer sein will, sondern zu schreiben beginne, obwohl Autoren an jeder Ecke geschmäht würden. Er war der Meinung, dass in der römischen Gesellschaft einfach so viele merkwürdige und lächerliche Typen herumliefen, dass es schwer wäre, darüber keine Satire zu schreiben und man eine Seele aus Eisen haben müsse, um seinen Kommentar dazu zurückzuhalten.

Dira necessitas

Grausame Notwendigkeit

Horaz
(Quintus Horatius Flaccus)
∗ 65 † 8 v. Chr.

Diesen Ausdruck kreierte Horaz für eine seiner Oden, in denen er die Reichen tadelt, weil die Sorge um ihre Schätze sie quasi zu Gefangenen macht. „Si figit adamantinos summis verticibus dira necessitas clavos, non animum metu, non mortis laqueis expedies caput (Wenn auf den höchsten Gipfeln die grausame Notwendigkeit diamantharte Nägel befestigt, wirst du deinen Geist nicht von der Furcht, das Haupt nicht von der Schlinge des Todes befreien).“

Divide et impera!

Teile und herrsche!

Ludwig XI. von Frankreich
∗ 1423 † 1483

Das Motto wird meist dem französischen König Ludwig XI. zugeschrieben, da der Schriftsteller Prosper Mérimée (1803–70) überlieferte, seine Maxime sei „diviser pour régner (teilen, um zu herrschen)“ gewesen. Auf jeden Fall gibt es keine antike Quelle für diese Devise, obwohl es die Herrscher schon damals verstanden, ihre Position durch die Entzweiung ihrer Feinde zu sichern. Ludwig XI. jedenfalls gilt als sehr kluger, tatkräftiger Herrscher, der immer dann grausam und kompromisslos agierte, wenn seine ureigensten Interessen berührt waren. Er legte den Grundstein zum französischen Absolutismus, musste sich dafür aber auch sein ganzes Leben lang mit Konflikten herumschlagen und starb von Angstfantasien gepeinigt.

Ludwig XI. von Frankreich

Do ut des

Ich gebe, damit du gibst

Julius Paulus
3. Jh.

In einer Reichstagsrede des Jahres 1878 erklärte der deutsche Kanzler Otto von Bismarck (1815–98): „In allen politischen Verhandlungen ist das do-ut-des eine Sache, die im Hintergrund steht, auch wenn man anstandshalber einstweilen nicht davon spricht.“

Otto von Bismarck

Er meinte also, dass es auch in der Politik immer um Leistung und Gegenleistung gehe. Auf diese Weise gelangen ihm Bündnisse mit den anderen europäischen Großmächten, die später Kaiser Wilhelm II. (1859–1941) zerstörte, weil er den anderen keine Gegenleistungen anbot, sondern stattdessen mit Drohungen auffuhr. Erstmals erwähnt ist das Prinzip in den *Digesten* des *Codex Iuris Civilis* des oströmischen Kaisers Justinian I. (um 482–565). Dort wird er auf den Rechtsgelehrten Julius Paulus zurückgeführt.

Docendo discimus

Durch Lehren lernen wir

nach Lucius Annaeus
Seneca der Jüngere
∗ um 4 v. Chr. † 65 n. Chr.

„Homines dum docent, discunt (Indem die Menschen lehren, lernen sie)“, schrieb Seneca in einem seiner Briefe an seinen Freund Lucilius. Er sprach jedoch nicht von Wissen, sondern von charakterlicher Bildung. Er gab Lucilius nämlich den Rat, vor allem mit Leuten zu verkehren, die entweder ihn besser machen können oder die er besser machen könne. Dabei sah Seneca keine strenge Trennung zwischen Lehrern und Schülern, sondern schrieb, dass die Wirkungen wechselseitig seien.

Doctum doces

Du unterrichtest einen Unterrichteten

Titus Maccius Plautus
∗ um 254 † um 184 v. Chr.

Zwar ist das lateinische Wort „docere“ vor allem durch den Doktor (Lehrer) geläufig, doch es bedeutet nicht nur lehren, sondern auch einweihen oder allgemein unterrichten. In Plautus' Komödie *Poenulus* (Der junge Punier) wird es in letzterem Sinne gebraucht, weil der Sklave Syncerastus bereits die Verwicklungen kennt, über die ihn sein Kollege Milphio unterrichten will. Als Zitat wird es jedoch eher benutzt, wenn jemand einem anderen einen Vortrag über ein Wissensgebiet hält, auf dem sich der Angesprochene bestens auskennt.

Dona nobis pacem

Gib uns Frieden

Gebetsformel

So lautet die standardisierte Bitte um Frieden in der lateinischen-christlichen Liturgie. Die Worte sind Bestandteil vieler Lieder, kommen aber vor allem in dem Gebet *Agnus dei* (siehe dort) vor. Dieses wird traditionell dreimal gesprochen. Zweimal endet es mit der Bitte „miserere nobis“ (erbarme dich unser), beim dritten Mal mit dem Wunsch „dona nobis pacem“.

Donum vitae

Geschenk des Lebens

Joseph Ratzinger
∗ 1927

Diesen Titel trug eine 1987 von der päpstlichen Kongregation für Glaubenslehre unter Federführung von Joseph Ratzinger, dem jetzigen Papst Benedikt XVI., verfasste Erklärung, in der die offiziellen katholischen Positionen zu Abtreibung, pränataler Diagnostik und künstlicher Befruchtung dargelegt werden. Den gleichen Namen hat aber auch ein Verein, der Schwangerschaftskonfliktberatung durchführt. Er wurde 1999 gegründet, nachdem der Vatikan den katholischen Sozialhilfeorganisationen verboten hatte, sogenannte Beratungsscheine auszustellen, die in Deutschland für eine straffreie Abtreibung nötig sind. Die Gründer, darunter hochrangige Funktionäre katholischer Laienorganisationen, stellten sich damit bewusst gegen ihre Kirchenleitung.

Dosis facit venum

Die Menge macht das Gift

nach Paracelsus
(Theophrastus Bombastus
von Hohenheim)
* 1493 † 1541

Paracelsus

Nicht nur mit Schlaftabletten kann man sich umbringen. Viele Medikamente wirken giftig, wenn man zu viel davon nimmt, während manche Gifte wie z. B. Digitalis in winzigsten Mengen heilend wirken. „All Ding' sind Gift und nichts ohn' Gift, allein die Dosis macht, dass ein Ding kein Gift ist", schrieb der berühmte Schweizer Arzt Paracelsus. Auf Deutsch übrigens, da er meinte, gerade wichtige Dinge müssen in der Volkssprache ausgedrückt werden. Die Medizinwelt ist ihm darin nicht gefolgt, und so wurde auch aus seiner Aussage über das Gift ein lateinisches Sprichwort.

Draco dormiens numquam titillandus

Einen schlafenden Drachen niemals kitzeln

Joanne K. Rowling
* 1965

Dieses Motto verlieh die Autorin der Harry-Potter-Romane der Zauberschule Hogwarts, die Harry und seine Freunde besuchen. Sie habe kein pathetisches Motto wie „Greife nach den Sternen" haben wollen, erläuterte sie in einem Interview. Aber ein lateinischer Wahlspruch, wie ihn nahezu jedes britische Internat von Rang hat, war für das richtige Flair wohl doch unumgänglich.

Dulce et decorum est pro patria mori

Süß und ehrenvoll ist es, für das Vaterland zu sterben

Horaz (Quintus Flaccus Horatius)
* 65 † 8 v. Chr.

Dieser verhängnisvolle Spruch, den schon viele Feldherren und Politiker ihren Soldaten eingetrichtert haben, stammt aus einer der Oden von Horaz, in der er die römischen Soldaten feiert. Als er dies schrieb, war er bereits 43 Jahre alt und dachte schon längst nicht mehr daran, sich diese „Ehre" selbst zu erwerben. 19 Jahre zuvor hatte er jedoch aufseiten der Caesarmörder gegen den späteren Kaiser Augustus (63 v. Chr.–14 n. Chr.) gekämpft. Augustus verzieh ihm jedoch und wurde sogar sein Mäzen. Im Übrigen war Rom zur Entstehungszeit des Gedichtes keineswegs bedroht. Sowohl im Inneren als auch nach außen herrschte Frieden.

Einige Jahre später nutzte Augustus die innere Stabilität dann, um neue Provinzen zu erobern.

Dum spiro spero

Solange ich atme, hoffe ich

nach Marcus Tullius Cicero
∗ 106 † 43 v. Chr.

Cicero

Diese lateinische Wendung ist u. a. das Motto des US-Staates South Carolina und der schottischen Stadt St. Andrews, findet sich aber auch in den Wappen vieler Familien, gerade in Schottland. Es wird auf eine Stelle in den Briefen Ciceros an seinen Freund Atticus zurückgeführt. Dort schreibt er: „Dum anima est, spes est dicitur (Man sagt, solange man am Leben sei, sei Hoffnung)." Er zitiert den Gedanken also auch schon als geläufige Redewendung, nachdem Atticus im vorausgegangenen Brief geklagt hatte, dass ihm angesichts der politischen Entwicklungen die Hoffnung verloren gehe.

Duo cum faciunt idem, non est idem

Wenn zwei das Gleiche tun, ist es nicht das Gleiche

Terenz (Publius Terentius Afer)
∗ um 195 † um 159 v. Chr.

In Terenz' Stück *Adelphoe* (Die Brüder) versucht Micio, seinem Bruder Demea klarzumachen, dass es durchaus gerechtfertigt sein kann, dass einer für eine Tat bestraft wird, ein anderer für dieselbe aber nicht. Deshalb dürfe man nicht nur die Tat berücksichtigen, sondern auch den Menschen, der sie ausführt. Der Hintergrund: Demeas Sohn hat ein Mädchen entführt. Allerdings hat er keine bösen Absichten dabei, sondern will nur eine Erlaubnis zur Heirat erzwingen.

E pluribus unum

Aus vielen eins

Ehemaliger Wahlspruch der USA

Von 1782 bis 1956 fungierte diese Devise als Motto der Vereinigten Staaten von Amerika, hatte allerdings nie offiziellen Status. Inzwischen ist „In God we trust (Auf Gott vertrauen wir)" der offizielle Wahlspruch. „E pluribus unum" ist aber immer noch auf dem Staatssiegel und auf einigen Münzen zu finden. Das Motto sollte anfangs die Einheit der verschiedenen Bundesstaaten beschwören und stand später für die Integration vieler verschiedener Einwanderer in den „Schmelztiegel USA".

Ecce homo!

Seht den Menschen!

Pontius Pilatus,
1. Jh.

Mit diesen Worten ließ der römische Stadthalter Pontius Pilatus nach der Aussage des Evangelisten Johannes den gegeißelten Jesus vor seine Ankläger führen. Die jedoch hatten kein Mitleid mit dem geschundenen Menschen und forderten unerbittlich weiter die Kreuzigung. Seitdem haben unzählige Künstler das

Leiden Jesu in Ecce-homo-Bildern wiederzugeben versucht. Der Ausdruck steht einerseits für die Anklage gegen die Folterer, die bereit sind, dies einem Menschen anzutun. Andererseits wird er in der christlichen Frömmigkeit auch als Aufforderung verstanden, den Blick nicht vom Leid abzuwenden und Jesus – und damit Gott – auch in tiefster Ohnmacht und Erniedrigung zu akzeptieren.

Ecce Homo! Gemälde von Antonio Ciseri

Edite, bibite…

Esst, trinkt…

nach Jesaja
8. Jh. v. Chr.

„… post mortem nulla voluptas (nach dem Tod gibt es keinen Genuss)". Diese Aufforderung geht wohl auf eine Stelle im Buch des Propheten Jesaja zurück, in der er beschreibt, wie in Jerusalem rauschende Feste gefeiert wurden, nach dem Motto: „Morgen sind wir ja tot (cras enim moriemur)." Jesaja tadelt natürlich diese Haltung, genau wie der Apostel Paulus, der sie in seinem ersten Brief an die Korinther zitiert. Der griechische Historiker Strabon (um 63 v. Chr.–23 n. Chr.) berichtet, die Aufforderung „Esst, trinkt, liebt (edite, bibite, amate)" habe sich auch auf einer Statue des für seine Ausschweifungen bekannten assyrischen Königs Sardanapal befunden. Dieser Sardanapal wird oft mit dem Assyrerkönig Assurbanipal († um 628 v. Chr.) gleichgesetzt, die ihm nachgesagten Eigenschaften passen jedoch besser auf seinen Bruder Schamasch-schum-ukin († 648 v. Chr.), den König von Babylon.

Epistula non erubescit

Ein Brief errötet nicht

Marcus Tullius Cicero
∗ 106 † 43 v. Chr.

In einem Brief kann man manches schreiben, was man sich nicht offen zu sagen trauen würde. So ging es auch schon dem berühmten römischen Redner Cicero. Er bat nämlich seinen Freund, den Geschichtsschreiber Lucius Lucceius, er möge doch bitte seine Taten in seinen Schriften verherrlichen. Cicero gesteht, dass er diese Bitte schon seit Langem habe mündlich vortragen wollen, aber nur schriftlich den Mut dazu gefunden habe, denn ein Brief erröte nicht. Die deutsche Redewendung „Papier ist geduldig" trifft den Sinn nicht ganz, da damit eher zu langatmige Auslassungen kommentiert werden, während Cicero von peinlichen Dingen spricht, die dem Briefpapier anvertraut werden können.

Ergo bibamus!

Also lasst uns trinken!

Johann Wolfgang von Goethe
∗ 1749 † 1832

„Hier sind wir versammelt zu löblichem Tun, drum Brüderchen! Ergo bibamus. Die Gläser, sie klingen, Gespräche, sie ruhn, beherzigt ergo bibamus", so beginnt ein Gedicht von Goethe, das im Jahr 1811 erschien und das zu einem

Johann Wolfgang von Goethe

der beliebtesten studentischen Trinkliedern wurde. Aber natürlich war „Ergo bibamus" auch schon früher ein üblicher Trinkspruch. Es kommt in mehreren mittelalterlichen Trinkliedern vor und soll das Motto von Papst Martin IV. (Simon de Brie, um 1210–85) gewesen sein, der Sitzungen mit seinen Kardinälen stets mit der Aufforderung beendete: „Wie viel haben wir für die heilige Kirche Gottes gelitten! Ergo bibamus!"

Errare humanum est

Irren ist menschlich

Sophronius Eusebius Hieronymus
∗ 347 † 419

„... und den Irrtum eingestehen weise", setzte der heilige Hieronymus immer hinzu, wenn er diesen Satz in seinen Werken benutzte. Selbst hatte der sehr temperamentvolle Kirchenvater allerdings seine Probleme damit, Fehler einzugestehen. So zieht er in einem Brief an seinen Freund Pammachius über all jene her, die seine Übersetzung der Bibel ins Lateinische kritisierten. Ziemlich polemisch lässt er sich darüber aus, wie überaus holprig die wortgetreue Übersetzung, die seine Kritiker forderten, klinge. Auch die katholische Kirche brauchte bis ins 20. Jh., um zuzugeben, dass Hieronymus' Bibelübersetzung, die *Vulgata*, einige durchaus grobe Fehler aufweist. Sinngemäß kommt die Vorstellung, dass Irren menschlich ist, allerdings schon bei den griechischen Tragödiendichtern vor, z. B. in Sophokles' *Antigone* oder Euripides' *Hippolytos*.

Esse quam videri

Sein statt scheinen

nach Sallust
(Gaius Sallustius Crispus)
∗ 86 † um 35 v. Chr.

Sallust

„Esse quam videri bonus malebat (Er wollte lieber gut sein als scheinen)." So charakterisierte der römische Historiker Sallust den Politiker Cato den Jüngeren (95–46 v. Chr.), einen Anhänger der griechischen Philosophenschule der Stoa und Urenkel von Cato dem Älteren. „Esse quam videri" ist auch das Motto des US-Staates North Carolina. Der dänische Astronom Tycho Brahe (1546–1601) hatte den sinngemäß identischen Wahlspruch „Esse potius quam haberi (Lieber sein als gelten)".

Est!Est!!Est!!!

Er ist! Er ist!! Er ist!!!

Weinsorte

Der Legende nach soll ein deutscher Bischof namens Johannes Fugger im Jahr 1111 nach Rom gereist sein und seinen Diener mit dem Auftrag vorausgeschickt haben, an die Tür von jedem Gasthaus, das guten Wein hatte, „Est" zu schreiben. Als er den Weißwein von Montefiascone am Bolsena-See probierte, war der Diener angeblich so begeistert, dass er die Nachricht gleich dreimal und mit dicken Ausrufezeichen hinterließ. Der Wein – woher auch immer sein ungewöhnlicher Name in Wirklichkeit stammt – wird aus weißem Malvasia und Trebbiano gekeltert und gewöhnlich jung getrunken.

Et cetera p. p.

Und übriges, fahre fort, fahre fort

Fachausdruck

Die Abkürzung etc. für den lateinischen Ausdruck „et cetera (und übriges)" kennt wohl jeder. Aber was steckt hinter der meist nur mündlich – und in der Regel besonders ungeduldig geäußerten – Ergänzung „p. p."? Die Buchstaben stehen für „perge (fahre fort)." Es kann einerseits als Andeutung verstanden werden, dass man jetzt noch sehr lange mit der Aufzählung ähnlicher Dinge fortfahren könnte, wie es auch die deutsche Redewendung „und so weiter und so fort" beinhaltet. Andererseits ist es auch als Aufforderung zu lesen, sich nicht weiter mit der Aufzählung alles Übrigen aufzuhalten, sondern mit den wesentlichen Dingen fortzufahren. Weitere gebräuchliche lateinische Abkürzungen sind beispielsweise „et al. (et allii – und andere)", wenn mehrere Autoren ein Werk verfasst haben und nur der wichtigste genannt wird und „i. e. (id est)" als Synonym zum Deutschen „d. h. (das heißt)".

Et in Arcadia ego

Auch ich in Arkadien

Giovanni Francesco Barbieri
(Il Guercino)
∗ 1591 † 1666

Diese Inschrift findet sich auf einem Gemälde, das vermutlich von dem Barockmaler Il Guercino stammt (früher auch Bartolomeo Schedoni zugeschrieben). Zum geflügelten Wort wurde sie aber erst durch ein ähnliches Bild seines noch berühmteren Kollegen Nicolas Poussin (1594–1665). Das Hirtenland Arkadien auf dem Peloponnes wurde in der spätgriechischen und römischen Literatur zu einem besonders idyllischen Ort verklärt, in dem „die Welt noch in Ordnung war". In der Renaissance und im Barock wurde der Arkadien-Mythos wieder aufgegriffen. Sowohl die Gemälde von Guercino als auch von Poussin zeigen aber Grabmäler mit dieser Inschrift, sagen also aus, dass es auch in Arkadien den Tod gibt. Spätere Dichter haben das Zitat aber eher auf die Bedeutung „Auch ich war in Arkadien" oder „Auch ich bin in Arkadien geboren" gemünzt. Der Philosoph Arthur Schopenhauer (1788–1860) sprach davon, dass viele Menschen glauben, in Arkadien geboren zu sein, also ein Anrecht auf ein sorgenfreies Leben zu haben.

Arthur Schopenhauer

Et tu, Brute?

Auch du, Brutus?

William Shakespeare
∗ 1564 † 1616

„... Then fall, Caesar (Dann falle, Caesar)". Mit dieser halb lateinischen, halb englischen Bemerkung bricht Julius Caesar in Shakespeares gleichnamigem Drama zusammen, nachdem er unter seinen Mördern seinen Vertrauten Marcus Junius Brutus (85–42 v. Chr.) erkannt hat. Die beiden antiken Historiker Sueton (um 70–140) und Cassius Dio (um 155–235) dagegen berichten, es gäbe mehrere Überlieferungen von Caesars Ende. Nach der einen Version soll er auf Griechisch „Auch du, mein Kind (kai sy teknon)?" zu Brutus gesagt haben,

William Shakespeare

was sich in der lateinischen Wendung „Tu quoque, filii?“ erhalten hat. Nach einer anderen soll er wortlos gestorben sein. Da Caesar (100–44 v. Chr.) von acht Messerstichen in den Rücken getroffen wurde, ist Letzteres wohl am wahrscheinlichsten.

Ex aequo et bono

Nach Recht und Billigkeit

Sallust
(Gaius Sallustius Cripsus)
∗ 86 † um 35 v. Chr.

Wörtlich übersetzt heißt diese lateinische Redewendung: „Aus dem Gleichen und dem Guten“. Dahinter steckt das Prinzip, dass jeder das Recht hat, nach den gleichen Grundsätzen und genauso gut wie jeder andere behandelt zu werden, auch wenn es nirgends ausdrücklich in einem Gesetz festgehalten ist. Das „ius aequum (gleiches Recht)“ steht damit im Gegensatz zum „ius strictum (strenges Recht)“, was eine strikte Anwendung der Gesetze ohne Ermessensspielraum und Berücksichtigung des Einzelfalls bedeutet. Die Unterscheidung traf schon Aristoteles in seiner *Nikomachischen Ethik*. Sallust schreibt dann in seinem *Bellum Iugurthinum* (Krieg mit Jugurtha), dass einem politischem Mörder „ex aequo bonoque“ der Prozess gemacht worden sei und nicht nach den Gesetzen, da der Mörder zu einer Gesandtschaft gehörte, der politische Immunität garantiert worden war. In der Alltagssprache findet sich manchmal der Begriff „ex aequo“, der bedeutet, dass eine Sache gleichrangig mit einer anderen ist.

Ex animo

Aus dem Herzen

Marcus Tullius Cicero
∗ 106 † 43 v. Chr.

„Aufrichtig, ehrlich, von ganzem Herzen“ bedeutet dieser lateinische Begriff. Ob Cicero es allerdings wirklich ehrlich meinte, als er in seiner Rede gegen Caesars Schwiegervater Lucius Calpurnius Piso „ex animo“ beteuerte, politisch nichts gegen Caesar zu haben und diesen nicht indirekt über Piso angreifen zu wollen, das darf man bezweifeln.

Ex astris scientia

Von den Sternen (kommt) das Wissen

Star Trek

Dies ist der Wahlspruch der Starfleet Academy, der Akademie, in der in der US-Science-fiction-Serie *Star Trek* die künftigen Astronauten ausgebildet werden. Es tauchte erstmals 1992 in *Star Trek: The Next Generation* auf. Vorbild war das Motto der Apollo-13-Mission, das „Ex luna scientia (Vom Mond Wissen)“ lautete. Die Mission sollte 1970 auf dem Mond landen, musste wegen technischer Pannen aber vorzeitig abgebrochen werden.

Ex Cathedra

Vom Lehrstuhl aus

Fachausdruck

„Ex Cathedra“ ist ein wichtiger Ausdruck aus dem katholischen Kirchenrecht. Denn die

Papst Pius IX.

viel umstrittene Unfehlbarkeit der Päpste, die Papst Pius IX. (1792–1878) 1870 zum Dogma erhob, gilt nicht für jede päpstliche Äußerung, sondern nur für die Dinge, die ausdrücklich „Ex Cathedra" verkündet werden. Bisher hat nur ein Papst davon Gebrauch gemacht, nämlich Pius XII. (1876–1958), als er die leibliche Aufnahme Marias in den Himmel zum Dogma erhob – was allerdings in weiten Kreisen auf Unverständnis gestoßen ist.

Ex flammis orior

Aus den Flammen gehe ich hervor

nach Ovid (Publius Ovidius Naso)
* 43 v. Chr. † um 18 n. Chr.

Dieses Motto bezieht sich auf den sagenhaften Vogel Phönix, von dem Ovid in seinen *Metamorphosen* (Verwandlungen) berichtet. Dieser soll sich nach 500 Jahren selbst verbrennen. Aus seiner Asche entsteht dann ein neuer, junger Vogel. In der christlichen Symbolik ist er deshalb Sinnbild der Auferstehung. „Ex flammis orior" wurde vor allem als Motto des Hohenloher Phönix-Ordens bekannt.

Ex oriente lux

Aus dem Osten Licht

Religiöse Formel

Dies war ursprünglich eine ganz einfache Feststellung, da im Osten (oriens) nun einmal die Sonne aufgeht. Im Christentum bekam der Spruch jedoch eine symbolische Bedeutung, da sich Israel als der Entstehungsort des Glaubens für die christlichen Kirchen Europas auch im Osten befand. In der Kunst und Literatur wurde er später auch für eine romantische Verklärung der geistigen Errungenschaften, die vom Osten in den Westen gekommen sind, benutzt. Der polnische Satiriker Stanislaw Lec (1909–66) jedoch ergänzte einmal: „... ex occidente luxus (Aus dem Westen Verschwendung)".

Excelsior

Höher erhaben

Quintilian
(Marcus Fabius Quintilianus)
* 35 † um 96

Excelsus bedeutet im Lateinischen hoch aufragend oder erhaben, und excelsior ist die Steigerung davon. Es bedeutet also, dass ein Gebäude noch höher als hoch aufragend oder ein Mensch oder eine Sache noch mehr als erhaben ist. „Excelsior" ist das Motto des US-Bundesstaates New York, aber auch ein sehr beliebter Name von Luxusartikeln. Das reicht von Fahrzeugen über diverse edle – und oft auch als Wolkenkratzer gebaute – Hotels bis zum zweitgrößten Diamanten der Welt. Aber auch Waffen wie eine amerikanische Handgranate aus dem 19. Jh. trugen diesen Namen. In der antiken Literatur findet sich das Wort in der *Institutio Oratoria* (Unterweisung in der Redekunst) des Quintilian, wo er den Stil des griechischen Redners Aischines (um 390–314 v. Chr.) als „latior et audentior et excelsior (üppiger und kühner und erhabener)" als den anderer Redner pries.

Exlibris

Aus den Büchern

Fachausdruck

Albrecht Dürer

Um sicherzustellen, dass man ein Buch, das man verliehen hat, wiederbekommt, kann man einfach seinen Namen hineinschreiben. Doch unter Buchfreunden sind seit dem späten 15. Jh. Exlibris üblich. Dies sind schön gestaltete, kleine Zettel, die man vorne ins Buch klebt und auf die man seinen Namen schreibt, um anzuzeigen, aus welcher Büchersammlung dieses Buch stammt. Manche Menschen lassen sich persönliche Exlibris mit einem Familienwappen oder selbst gewählten Symbolen anfertigen. Auch viele Künstler, angefangen bei Albrecht Dürer (1471–1528) und Lucas Cranach (1472–1553), gestalteten Exlibris.

Experto credite

Glaubt einem Erfahrenen

Vergil
(Publius Vergilius Maro)
* 70 † 19 v. Chr.

Mit diesen Worten rät der Grieche Diomedes in Vergils *Aeneis* dem italienischen König Latinus, nicht gegen Äneas zu kämpfen, sondern lieber ein Bündnis mit ihm zu schließen. Denn Diomedes hat im Trojanischen Krieg schon einmal gegen Äneas gekämpft und kennt dessen Stärke. Auch Cicero (106–43 v. Chr.) schreibt in einem seiner Briefe: „Plerumque enim creditur eis, qui experti sunt (Und meistens wird nämlich denen am meisten geglaubt, die Erfahrung in der Sache haben)."

Expressis verbis

Mit ausdrücklichen Worten

nach Bonaventura
(Giovanni di Fidanza)
* 1221 † 1274

Diese Redensart benutzt man, wenn jemand eine Sache sehr deutlich und pointiert ausdrückt, sodass Missverständnisse absolut ausgeschlossen sind, aber auch um zu unterstreichen, dass jemand genau diese Worte verwendet hat, mit denen man ihn zitiert. Man findet diese Formulierung in der Schrift *De Scientia Christi* (Von der Wissenschaft Christi) des heiligen Bonaventura.

Bonaventura

Extra

Außerhalb

Lehnwort

In unserer Sprache bedeutet ein Extra meist eine Zugabe, einen Mehrwert oder eine Steigerung. Das ursprüngliche lateinische Wort bedeutet jedoch schlicht außerhalb, etwa „extra muros (außerhalb der Mauern)". Das liegt daran, dass unser Begriff „Extra" eigentlich eine Abkürzung von extraordinär ist und außer der Reihenfolge oder außerhalb der Ordnung bedeutet.

Extra ecclesiam nulla salus

Außerhalb der Kirche ist kein Heil

Cyprianus von Karthago
∗ um 200 † um 258

Cyprian, Bischof von Karthago

Ist die christliche Taufe eines Kindes nur gültig, wenn sie ein rechtgläubiger Priester spendet, der in allen Dingen mit der offiziellen Kirche übereinstimmt, oder auch dann, wenn sie von einem „Ketzer" mit abweichenden Meinungen vorgenommen wird? Über diese Fragen stritten sich mehrere Theologen im 3. Jh. Cyprian, Bischof von Karthago, vertrat die Meinung, dass eine Ketzertaufe ungültig sei, und begründete dies wörtlich mit: „Extra ecclesiam salus non est." In der Folge wurde der Spruch von katholischen Würdenträgern gerne immer wieder bemüht, um sich als „alleinseligmachende Kirche" darzustellen. Bestandteil der offiziellen katholischen Theologie ist er jedoch nicht. Da gesteht man Gott zu, auch Ausnahmen zu machen.

Extra Gottingam non est vita…

Außerhalb von Göttingen gibt es kein Leben…

Georg Christoph Lichtenberg
∗ 1742 † 1799

„… si est vita non est ita! (Wenn es doch welches gibt, dann ist es kein Leben!)" Mit diesen Worten soll der Schriftsteller und Physiker Georg Christoph Lichtenberg die Stadt gefeiert haben, in der er studierte und später als Professor lebte. Die Universität von Göttingen war damals eine der angesehensten, von der nicht nur wissenschaftliche, sondern auch aufklärerische, politische Impulse ausgingen. Ansonsten neigte Lichtenberg, dessen Autorschaft auch nicht gesichert ist, jedoch nicht zu Huldigungen, sondern war ein sehr kritischer Geist, der in seinen *Sudelbüchern* Bonmots formulierte wie: „Der Amerikaner, der den Kolumbus zuerst entdeckte, machte eine böse Entdeckung." Sein Ausspruch über Göttingen jedoch wurde später auf diverse andere Orte umfunktioniert.

Georg Christoph Lichtenberg

Fabulae!

Märchen!

nach Terenz (Publius Terentius Afer)
∗ um 195 † um 159 v. Chr.

Mit diesem Wort tat man im alten Rom Geschichten ab, die man nicht glaubte. Die älteste schriftliche Erwähnung findet sich in *Andria* (Das Mädchen aus Andros), einer Komödie von Terenz. Der Sklave Davus muss sich dort entscheiden, ob er zum Sohn seines Herrn hält, der ein armes Mädchen liebt, oder zu dessen Vater, der eine solche Heirat ablehnt. Zwar hat Davus geheimnisvolle Gerüchte über die Herkunft des Mädchens gehört, doch die glaubt er nicht und tut sie als „fabulae" ab. Da man sich aber tatsächlich in einer „fabula" (fiktiven Geschichte) befindet, entpuppen sich die Gerüchte natürlich als wahr, und Pamphilus kann das Mädchen aus Andros heiraten.

Fac simile

Mach ähnlich

Fachausdruck

Als Faksimile bezeichnet man eine originalgetreue Kopie einer Vorlage. Meistens wird der Ausdruck nur für Schriftstücke oder Bücher verwendet, gelegentlich aber auch für Gegenstände, die kopiert wurden. Seit Schriftstücke aber nicht mehr von Hand, sondern elektronisch kopiert werden, sich also niemand mehr die Mühe machen muss, ein möglichst ähnliches Duplikat herzustellen, gerät der Begriff langsam außer Gebrauch. Aber auch die moderne Bezeichnung „Fax" ist eine Abkürzung von Telefaksimile (in etwa: Fernkopie).

Fac, quod faciendum est

Tu, was zu tun ist

Lucius Annaeus Seneca der Jüngere
∗ um 4 v. Chr. † 65 n. Chr.

Seneca der Jüngere

„Tue deine Pflicht!" fordert diese römische Redewendung. Man findet sie in Sencas *Apocolocyntosis*. Bei dieser handelt es sich um eine Schmähschrift auf den verstorbenen Kaiser Claudius (10 v. Chr.–54 n. Chr.), die im Deutschen mit „Verkürbissung des Claudius" betitelt ist. Seneca erzählt darin, wie der Gott Merkur Clotho, eine der drei Parzen (Schicksalsgöttinnen), auffordert, endlich Erbarmen zu haben und das erbärmliche Leben des Claudius und seine erbärmliche Politik zu beenden. „Tue deine Pflicht!", ermahnt er sie. Nach seinem Tod spricht Claudius bei den Göttern vor, um auch vergöttlicht zu werden, wird aber in die Unterwelt verbannt, wo er mit einem Becher ohne Boden Würfel spielen muss und Sklave eines Freigelassenen wird. Seneca hatte Grund zu persönlichem Groll, da Claudius ihn verbannt hatte. Heutige Historiker sprechen dem Kaiser neben seinen persönlichen Schwächen aber auch positive Seiten zu.

Facis farinam

Du machst Mehl

Martial
(Marcus Valerius Martialis)
∗ um 40 † um 104

Martial war einer der gefeierten Dichter seiner Zeit, der vor allem für Epigramme (kurze und oft sehr bissige Dichtungen) bekannt war. Eines davon spottet über einen gewissen Cyper, der früher Bäcker gewesen ist, sich aber dann als Anwalt versucht. Einst habe er Brot gemacht, meint Martial, nun mache er alles zu Mehl. Seine Rechtsfälle enden also ohne Erfolg.

Facit

Das macht

Lehnwort

„Facit ... (Das macht)", schrieb man früher an das Ende einer Rechnung und fügte das ausgerechnete Ergebnis dazu. Dies führte dazu, dass der Begriff „Fazit" im Deutschen zum allgemeinen Ausdruck für ein Ergebnis wurde. Heute gebraucht man ihn kaum noch für Rechenergebnisse, sondern etwa für die Zusammenfassung von Verhandlungsergebnissen, für die Schlussfolgerungen am Ende eines Vortrags oder die Zusammenfassung einer Auswertung.

Facta infecta fieri nequeunt

Geschehenes lässt sich nicht ungeschehen machen

nach Terenz
(Publius Terentius Afer)
∗ um 195 † um 159 v. Chr.

Die älteste schriftliche Erwähnung dieser Redensart findet sich in Terenz' Komödie *Phormio*. Der alte Demipho fordert mit diesen Worten seine Schwägerin Nausistrata auf, seinem Bruder zu vergeben. Dieser hatte jahrelang heimlich eine zweite Frau auf der Insel Lemnos, die aber nun gestorben ist. Nausistrata vergibt ihrem Gatten schließlich auch, setzt aber zuvor durch, dass ihr Sohn das Mädchen seiner Wahl heiraten darf, auch wenn der Vater damit nicht einverstanden ist.

Factum abiit, monumenta manent

Die Tat ist vergangen, die Denkmäler bleiben

Ovid
(Publius Ovidius Naso)
∗ 43 v. Chr. † um 18 n. Chr.

Dieses Zitat wird im Allgemeinen für bedeutende Dinge benutzt. Der römische Dichter Ovid, von dem es stammt, berichtet in diesem Zusammenhang aber von einer eher banalen Begebenheit. Für einen römischen Festkalender in Gedichtform (*Fasti*) versuchte er, dem Brauch auf den Grund zu gehen, warum man am mehrtägigen Fest der Erntegöttin Ceres, den Cerealia, Füchsen Fackeln an die Schwänze band. Er stieß auf die Erzählung, dass einst ein Junge eine Füchsin gefangen, in Heu gepackt und angezündet habe. Die Füchsin aber entkam und setzte die ganze Ernte in Brand. Das Verbrennen der Füchse an den Cerealia soll angeblich eine Strafe für diesen Verlust der Ernte sein.

Ovid

Factum atque transactum est

Es ist getan und erledigt

Marcus Tullius Cicero
∗ 106 † 43 v. Chr.

Knapp einen Monat nach seinen ersten beiden Reden gegen Lucius Sergius Catilina (um 108–62 v. Chr.), am 3. Dezember des Jahres 63 v. Chr., informierte Cicero das Volk in einer dritten Rede darüber, wie weit die Verfolgung gegen die Verschwörer rund um Catilina gediehen war und welche Maßnahmen ergriffen worden waren. „Illud, quod faciendum primum fuit, factum atque transactum est (Jenes, was zuerst getan werden musste, wurde getan und vollzogen)", erklärt er und meint damit die Festnahme und Überführung mehrer Mitverschwörer.

Factum, non fabula

(Das ist eine) Tatsache, kein Märchen

Titus Petronius
∗ um 14 † 66

Das Kernstück von Petronius' berühmtem Roman *Satyricon* ist das *Gastmahl des Trimalchio* (Cena Trimalchionis). Dieser ist ein „homo novus", ein Neureicher, der mit einem besonders luxuriösen Gastmahl Eindruck schinden will, aber in Wahrheit nur seinen mangelnden Geschmack und seine schlechten Manieren beweist. Natürlich verwöhnt er seine Gäste auch mit der Geschichte seines wirtschaftlichen Aufstiegs und bekräftigt mit obigen Worten die unwahrscheinlichen Wendungen, die sein Schicksal genommen haben soll. Etwa dass er, obwohl er seine ersten fünf Schiffe alle auf einmal in einem Seesturm verlor, nicht aufgegeben habe.

Fama crescit eundo

Das Gerücht wächst beim Laufen

Vergil
(Publius Vergilius Maro)
∗ 70 † 19 v. Chr.

Vor Gerüchten hatte man in der Antike einen riesigen Respekt. Fama galt als Göttin mit tausend Augen, Ohren und Zungen, von denen nie alle gleichzeitig schliefen, damit sie ja nichts verpassten. „Mobilitate viget viresque adquirit eundo (Von der Beweglichkeit lebt es und Kräfte gewinnt es im Laufen)", charakterisierte Vergil die Dynamik von Gerüchten in seiner *Aeneis*. Fama „posaunt" hier die Beziehung zwischen dem Helden Äneas und der Königin Dido von Karthago aus und zieht sie nach Kräften in den Schmutz.

Fama volat

Das Gerücht fliegt

Vergil (Publius Vergilius Maro)
∗ 70 † 19 v. Chr.

Fama, die Göttin des Gerüchts, wurde in der Antike meist mit Flügeln dargestellt. Denn die Schnelligkeit, mit der sich (schlechte) Nachrichten verbreiten konnten, war den Menschen ein Rätsel. So spricht Vergil in seiner *Aeneis* auch von dem Ruf, der einer von einer Furie aufgepeitschten Menschenmenge vorausfliegt. Und sein Kollege Livius (um 59 v. Chr.–17 n. Chr.) schreibt in seinem Hauptwerk *Ab urbe condita*: „Fama nihil est celerius (Nichts ist schneller als das Gerücht)."

Vergil

Fata volentem ducunt, nolentem trahunt

Den Willigen führt das Schicksal, den Unwilligen zerrt es

Lucius Annaeus Seneca der Jüngere
∗ um 4 v. Chr. † 65 n. Chr.

So endet ein Gedicht an den obersten Gott Jupiter, das wohl von dem griechischen Philosophen Kleanthes von Assos (um 331–232 v. Chr.)

stammt, aber von dem römischen Gelehrten Seneca übersetzt und durch eine weitere Strophe ergänzt wurde. Jupiter wird dort als der dargestellt, der alle menschlichen Schicksale in der Hand hat. Weise Menschen fügen sich in ihr Schicksal, während Unvernünftige – letztlich vergebens – dagegen anrennen.

Favete linguis!

Hütet eure Zungen!

nach Horaz
(Quintus Horatius Flaccus)
∗ 65 † 8 v. Chr.

Mit diesen Worten gebot in Rom ein Herold bei öffentlichen Opfern den Umstehenden Schweigen. Dabei heißt „favete linguis" eigentlich „begünstigt die Zungen". Der Hintergrund: Man glaubte, dass unbedachte, unglückliche Worte das Opfer stören und negativ beeinflussen könnten. Darum war jeder aufgerufen, zum Gelingen des Opfers beizutragen, indem er während der Kulthandlung gar nichts sagte. Die älteste Erwähnung findet sich in einer Ode von Horaz, aber auch andere römische Autoren berichten von diesem Brauch.

Fer aut feri

Ertrage oder schlage

Elizabeth I. von England
∗ um 1533 † 1603

„... ne feriaris, feri (um nicht geschlagen zu werden, schlag selbst)." Diese Maxime nahm sich die englische Königin Elizabeth I. bei ihrer Außenpolitik zu Herzen. Zwar pflegte sie keine direkte Eroberungspolitik, reagierte aber kompromisslos, wenn sie es für notwendig hielt. Dazu gehörte vor allem das gnadenlose Vorgehen gegen ihre Cousine Mary Stuart (1542–87), deren Thronansprüche beinahe einen Bürgerkrieg heraufbeschworen hätten, und die Ausstellung von Kaperbriefen an Kapitäne wie Francis Drake (um 1540–96). Mit Elizabeths Billigung überfielen sie spanische Schiffe, die Silber aus den südamerikanischen Kolonien geladen hatten. Auf diese Weise konnte sich die Königin nicht nur gegen ihren Erzfeind Philipp II. von Spanien (1527–98) behaupten, sondern legte auch den Grundstock für das künftige britische Empire.

Elizabeth I.

Festina lente!

Beeile dich gemächlich!

Gaius Octavius Augustus
∗ 63 v. Chr. † 14 n. Chr.

„Eile mit Weile" könnte man dieses Motto heute auf den Punkt bringen. Überliefert ist es durch den römischen Historiker Sueton (um 70–140), doch es war wohl schon im alten Griechenland gebräuchlich. Sueton berichtet nämlich, Kaiser Augustus habe eine ausgesprochene Abneigung gegen Hast und Übereifer gehabt und ständig Sprüche wie „Speude bradeos (Festina lente)" oder „Sat celeriter fieri quidquid fiat satis bene (Das ist schnell genug getan, das gut genug getan ist)" im Mund geführt. Der Wahlspruch der niederländischen Stadt Venlo lautet: „Festina lente, cauta fac omnia mente (Eile mit Weile, tue alles mit Verstand)."

Fiat iustitia aut pereat mundus

Gerechtigkeit muss werden, oder die Welt geht zugrunde

Kaiser Ferdinand I.
∗ 1503 † 1564

Diesen Spruch wählte sich der römisch-deutsche Kaiser Ferdinand I. zu seinem Wappenspruch. Bei der Durchsetzung dessen, was er als Recht ansah, war Ferdinand dann oft nicht zimperlich, wenn er z. B. Aufstände blutig niederschlug oder seine Thronansprüche in Ungarn kriegerisch durchzusetzen versuchte. Er war jedoch kompromissbereiter als sein Bruder Karl V. (1500–58) und bemühte sich im Gegensatz zu diesem um einen Ausgleich mit den Protestanten. Das Zustandekommen des Augsburger Religionsfriedens von 1555 ist im Wesentlichen ihm zu verdanken. Später verwendete man den Spruch oft ohne das Wörtchen „aut (oder)“, wodurch er eine völlig andere Bedeutung bekam: „Gerechtigkeit muss werden, ginge auch die Welt zugrunde.“

Kaiser Ferdinand I.

Fiat lux

Es werde Licht

Genesis

Mit der Aufforderung Gottes „Es werde Licht“ beginnt im alttestamentarischen *Buch Genesis* die Schöpfung der Welt. Die Worte sind als Wahlspruch äußerst beliebt, gerade auch bei Schulen und Universitäten. Gelegentlich werden sie auch als scherzhafte Aufforderung benutzt.

Fidei defensor

Verteidiger des Glaubens

Leo X.
(Giovanni de Medici)
∗ 1475 † 1521

Diesen Titel verlieh Papst Leo X. im Jahr 1521 dem englischen König Heinrich VIII. (1491–1547), der sich 13 Jahre später von Rom lossagte und die anglikanische Kirche gründete. Grund der Auszeichnung war ein Buch namens *Assertio Septem Sacramentorum* (Verteidigung der Sieben Sakramente), das der König zusammen mit seinem Kanzler Thomas More (1478–1535), den er später hinrichten ließ, verfasst hatte. Der Vatikan erkannte Heinrich den Titel später wieder ab, woraufhin ihn das Parlament von England seinem Nachfolger aufs Neue verlieh. Die englischen Könige tragen ihn noch heute.

Papst Leo X.

Filia hospitalis

Die Tochter der Wirtsleute

Otto Kamp
∗ 1850 † 1922

Mit seinem Studentenlied *O wonnevolle Jugendzeit* huldigte der Autor Otto Kamp vor allem den amourösen Freuden seiner Studienzeit. Jede Strophe endet mit der Zeile: „Und keine ist aequalis (gleichwertig) der filia hospitalis.“ Die „filia hospitalis“ war entweder die Tochter der Zimmervermieter oder die Bedienung im Gasthaus, oft aber auch eine junge Verwandte der Wirtsleute, also auf jeden Fall ein Mädchen, zu dem die Studenten relativ leicht Kontakt knüpfen konnten.

Finis coronat opus

Das Ende krönt das Werk

nach Ovid
(Publius Ovidius Naso)
∗ 43 v. Chr. † um 18 n. Chr.

Diese Redewendung wird meist auf den Ausspruch „Exitus acta probat (Der Ausgang ist die Prüfung der Taten)“ aus Ovids *Heroiden* (Heldinnen) zurückgeführt. In diesem Werk schrieb Ovid fiktive Briefe aus der Sicht mythologischer Heldinnen an deren Männer oder Geliebte. Im konkreten Fall beklagt sich die thrakische Königstochter Phyllis darüber, dass ihr Geliebter Demophoon, der Sohn des Königs Perseus von Athen, nicht wie versprochen zu ihr zurückgekommen ist. Sie fragt sich, wie die Sache ausgehen wird und ob es ein Fehler war, sich Demophoon hingegeben zu haben. Eine „Krönung“ der Affäre erwartet sie aber nicht, und die Mythologie erzählt auch, sie habe sich umgebracht, bevor Demophoon wiederkam. „Finis coronat opus“ aber wird gelegentlich auch zu „Vinum (Wein) coronat opus“ umgedichtet.

Finis Poloniae

Das Ende Polens

Tadeusz Kosciuszko
∗ 1746 † 1817

Tadeusz Kosciuszko

So soll der polnische Freiheitskämpfer Kosciuszko das Misslingen seines Aufstandes im Jahr 1794 kommentiert haben. Vorausgegangen war die sogenannte Zweite Teilung Polens, bei der sich Preußen und Russland große Teile des Landes unter den Nagel rissen. Ein Jahr später verschwand Polen durch die dritte „Teilung“ tatsächlich von der Landkarte. Ob Kosciuszko diesen Ausspruch aber tatsächlich gemacht hat, ist zweifelhaft. Die 1797 entstandene polnische Nationalhymne *Jeszcze Polska nie zginęła* (Noch ist Polen nicht verloren) erscheint aber als Antwort auf dieses vorzeitig ausgerufene Ende des Landes.

Fluctuat nec mergitur

Es schwankt, es geht nicht unter

Wahlspruch von Paris

Es ist nicht ganz sicher, ob sich dieser Wahlspruch von Paris auf das Schiff bezieht, das die Stadt in ihrem Wappen führt, oder auf die Tatsache, dass der Kern der Stadt auf einer Insel in der Seine liegt und früher immer wieder von Überschwemmungen heimgesucht wurde. „Fluctuat“ jedenfalls bedeutet, von den Wogen (oder auch den Stürmen) des Schicksals geschüttelt zu werden.

Fortes Fortuna adiuvat

Dem Tapferen hilft das Glück

Simonides von Keos
∗ um 556 † um 467 v. Chr.

Ob dies wirklich zutrifft, sei dahingestellt. Auf jeden Fall zitierten schon die antiken Autoren diese Behauptung, die sie auf den griechischen Dichter Simonides zurückführten, immer wieder gerne. In dieser Form ist der Spruch zum ersten Mal in *Phormio*, einer Komödie von Terenz (um 195–159 v. Chr.), zu lesen. Geta, ein alter Sklave, bestärkt so Antipho, den Sohn seines abwesenden Herrn, der ein vermeintlich armes Mädchen heiraten will, aber schreckliche Angst vor der Reaktion seines Vaters hat. Am Ende entpuppt sich die Auserwählte dann als genau die Braut, die ihm sein Vater sowieso zugedacht hat.

Fortiter in re, suaviter in modo

Stark in der Sache, milde in der Art

nach Claudio Aquaviva
∗ 1543 † 1615

„Hart in der Sache, nachgiebig in der Form" ist auch heute noch ein oft angeratenes Verhandlungsmotto. Es stammt aus einer Schrift des 5. Generals des Jesuitenordens. Dort empfahl er seinen Ordensbrüdern: „Fortes in fine conseqendo, et suaves in modo ac ratione assequendi simus (Stark wollen wir sein in der Erreichung des Ziels und milde in der Art, es zu erreichen)."

Fortuna caeca est

Das Glück ist blind

Marcus Tullius Cicero
∗ 106 † 43 v. Chr.

Auch wenn man immer wieder hoffte, das Glück helfe den Tüchtigen (siehe: Fortes fortuna adiuvat) herrschte schon in der Antike vorwiegend die Erkenntnis, dass das Glück blind ist. Ja, noch schlimmer: „Non enim solum ipsa fortuna caeca est (Nicht nur dass das Glück selbst blind ist)", schrieb Cicero in seinem Werk *De amicitia* (Über die Freundschaft), „sed eos etiam plerumque efficit caecos quos complexa est (es macht fast immer auch die blind, die es in die Arme schließt)." Im Mittelalter stellte man sich das Glück dann auch gerne als launische Dame vor, die ihre Gunst mal diesem, mal jenem schenkt, ohne nach Verdiensten zu fragen.

Glücksgöttin Fortuna mit verbundenen Augen

Furor teutonicus

Teutonische Raserei

Lucan
(Marcus Annaeus Lucanus)
∗ 39 † 65

Dem römischen Dichter Lucan haben es die Deutschen zu verdanken, dass sie von ihren Nachbarn immer wieder als wilde Teutonen bezeichnet werden oder vom „furor teutonicus" die Rede ist. Dabei waren die Teutonen ein germanischer Stamm aus dem dänischen Jütland, der um 120 v. Chr. zusammen mit den Kimbern und Ambronen seine Heimat verließ und wohl aufgrund einer Reihe von Naturkatastrophen nach Süden zog. Als sie auf die Römer stießen, brachten sie ihnen mit ihrer unorthodoxen Kampfweise einige Niederlagen bei, bevor sie selbst vernichtet wurden. Bei den Römern saß der Schock über den Einfall der Barbaren jedoch tief: „Mit der Schnelligkeit und Gewalt eines Feuersturms griffen sie an: tollkühn und unerschrocken, mit tierischen Stimmen und furchtbaren Schreien", schrieb Lucan noch über 150 Jahre später.

Gallia est omnis divisa in partes tres

Gallien ist als Ganzes in drei Teile gegliedert

Gaius Julius Caesar
∗ 100 † 44 v. Chr.

Julius Caesar

Wer diese Worte zitiert, will in der Regel beweisen, dass er sich noch an die Lektionen seines Lateinunterrichtes erinnert. Denn so beginnt Caesars Schrift *De bello Gallico,* und die musste wohl fast jeder übersetzen, der jemals Latein gelernt hat. In diesem Werk erzählt Caesar von seiner Eroberung Galliens, die den Grundstein zu seiner politischen Karriere legte. Es gilt als literarisches Meisterstück und ist zudem eine wichtige historische Quelle, vor allem auch über die antike, keltische Kultur, über die es sonst nahezu keine Schriftzeugnisse gibt. Die drei Teile sind übrigens das Gebiet der Belger, der Aquitanier und das der eigentlichen Gallier oder Kelten.

Gaudeamus igitur...

Freuen wir uns also...

Christian Wilhelm Kindleben
∗ 1748 † 1785

„... iuvenes dum sumus (solange wir jung sind)." So beginnt das wahrscheinlich bekannteste Studentenlied der Welt. Seine Wurzeln reichen bis ins Mittelalter. 1781 wurde es jedoch von Christian Wilhelm Kindleben, einem Theologen aus Halle, für seine Sammlung *Studentenlieder* stark bearbeitet und bekam seine heute gültige Form. Kindleben wollte durch die Liedersammlung und ein Studentenlexikon, das u. a. üblichen Studentenslang enthielt, die damals noch stark verpönte Studentenkultur salonfähig machen, wurde dafür aber von der Obrigkeit aus Halle ausgewiesen.

Genius loci

Geist des Ortes

Religiöser Fachausdruck

„Genius loci" ist der lateinische Fachbegriff für Götter, die mit einem ganz bestimmten Platz verbunden sind. Diese Vorstellung muss es auch in der frühen römischen und griechischen Mythologie gegeben haben. Relikte etwa sind die griechischen Nymphen, die meist mit einer bestimmten Quelle, einem Berg oder einem Hain verbunden sind, oder Roms Fluss Tiber, den man früher als Gott angesehen hat. Stärker war diese Vorstellung aber etwa bei den Kelten verbreitet, auch wenn sich dort durch den Kontakt mit den Römern ebenfalls personalisierte, ungebundene Gottheiten durchsetzten. Auch in vielen schamanischen Religionen, etwa bei den nordamerikanischen Indianern oder den australischen Aborigines, herrschte die Überzeugung, dass Geister, vor allem auch die Geister der Ahnen, mit ganz bestimmten Plätzen verbunden sind. Heute beschwört man mit dem „Geist" eines bestimmten Ortes oft dessen besondere Ausstrahlung und Atmosphäre.

Aborigine

Gesta Romanorum

Die Taten der Römer

Buchtitel

„Gesta (Taten)“ war in der Antike und im Mittelalter ein äußerst geläufiger Buchtitel. Bei den *Gesta Romanorum* beispielsweise handelt es sich um eine Sammlung von Erzählungen aus dem 14. Jh. über Helden aus der römischen Mythologie. Die *Gesta Francorum* dagegen ist ein Bericht aus dem 11. Jh. über die Taten der fränkischen Kreuzritter, die *Gesta Martyrum* eine Sammlung von Erzählungen über frühchristliche Märtyrer. Gelegentlich ist auch die Variante „res gestae“ zu finden, wie etwa in den *Res gestae Divi Augusti* (Die Taten des göttlichen Augustus), ein – propagandistisch geschönter – Rechenschaftsbericht, den Kaiser Augustus (63 v. Chr. – 14 n. Chr.) über seine eigene Regierungszeit gab.

Gladius Dei

Das Schwert Gottes

Thomas Mann
∗ 1875 † 1955

Thomas Mann

Diesen Titel gab der Literatur-Nobelpreisträger Thomas Mann einer seiner Novellen, die von einem jungen religiösen Eiferer erzählt, der dem Florentiner Bußprediger Girolamo Savonarola (1452–98) nachempfunden ist. Manns Romanfigur führt einen privaten Feldzug gegen die allzu große Freizügigkeit im München des Jahres 1902. Am Ende der Novelle hat der junge Hieronymus die Vision von einem Schwert, das vom Himmel kommt, um die sündige Stadt zu vernichten. Aber auch er selbst sieht sich als Werkzeug, um den vermeintlichen Willen Gottes in der Welt durchzusetzen.

Gloria in excelsis Deo

Ehre sei Gott in der Höhe

Lukas-Evangelium

Das *Gloria* ist ein Lobgebet, das fester Bestandteil der christlichen Liturgie ist. Seinen Ursprung hat es in der Weihnachtsgeschichte im *Lukas-Evangelium*. Dort wird erzählt, dass beim Stall von Bethlehem, wo Jesus geboren worden sein soll, eine große Schar himmlischer Wesen erschien, die diesen Lobgesang anstimmten. Er wird deshalb auch als *Hymnus angelicus* (Hymne der Engel) bezeichnet. Die Fortsetzung lautet: „... et in terra pax hominibus bonae voluntatis (und auf Erden Friede den Menschen guten Willens).‘ Nach christlichem Verständnis ist das lateinische Wort „gloria“ ein Begriff, der allein Gott zukommt. „Soli deo gloria (Allein Gott sei Ehre)“ findet sich in mehreren Kirchenliedern.

Gradus ad Parnassum

Stufe zum Parnass

Paul Aler
∗ 1656 † 1727

Unter diesem Titel gab der Jesuitenpater und Autor Paul Aler ein Lehrbuch zur lateinischen Dichtkunst heraus. Der Parnass, ein griechischer Gebirgszug, an dessen Hängen auch das Orakel von Delphi beheimatet ist, galt in der griechischen Mythologie als Heimat von Apollo, dem Gott der schönen Künste, und von seinen Beschützerinnen, den Musen. In der antiken Vorstellungswelt wurden die Dichter auf den Flügeln des Rosses Pegasus auf den Parnass getragen, wogegen Aler mit seinen Buchtitel auf die Erfahrung anspielt, dass der Weg zum Dichterruhm für die allermeisten eher steinig ist und aus vielen kleinen Schritten besteht.

Reliefdarstellung der Musen am Parnass

Gratis

Gegen Danksagungen

Lehnwort

In unserer Alltagssprache heißt gratis umsonst. Genau genommen aber stimmt das nicht, denn das Wort leitet sich von dem lateinischen „gratia" ab, was vor allem Dank und Dankbarkeit, aber auch Gefälligkeit, Gunst und Ansehen bedeutet. Etwas gratis zu bekommen heißt also ursprünglich, es gegen Dank zu bekommen, genau genommen sogar gegen mehrere Danksagungen, denn „gratis" ist eine Pluralform.

Habeas corpus

Du sollst den Körper haben

Englischer Rechtsbegriff

Mit diesen Worten ergingen im Mittelalter in England königliche Haftbefehle. Der später hingerichtete Karl I. (1600–49) erpresste jedoch hohe Geldsummen von reichen Untertanen, indem er ihnen willkürliche Verhaftungen androhte. 1679 konnte das Parlament dann seinen Sohn Karl II. (1630–85) zwingen, die Habeas Corpus Amendment Act (Akte zur Änderung des Habeas Corpus) zu unterzeichnen, die solchen königlichen Haftbefehlen Beschränkungen auferlegte. So wurde mit dieser Akte vor allem gesetzlich verankert, dass ein Inhaftierter innerhalb von drei Tagen einem Richter vorgeführt werden muss. Diese Habeas-Corpus-Akte gilt als einer der Meilensteine zur Demokratisierung in der englischen Geschichte.

Karl I. von England

Habemus papam

Wir haben einen Papst

Agostino Patrizi Piccolomini
(Patricius)
* um 1435 † um 1495

„Annuntio vobis magnum gaudium: papam habemus (Ich verkünde euch eine große Freude: Wir haben einen Papst)." Mit diesen Worten wird der erfolgreiche Abschluss einer Papstwahl traditionell auf dem Petersplatz verkündet. Das Ritual wurde zum ersten Mal in dem Buch *Rituum ecclesiasticorum sive sacrarum cerimoniarum S. S. Romanae ecclesiae* (Die kirchlichen Riten oder die heiligen Zeremonien der heiligsten römischen Kirche) des päpstlichen Zeremonienmeisters Patricius erwähnt, das 1488 veröffentlicht und 1516 in Venedig erstmals gedruckt wurde.

Habent sua fata libelli

Büchlein haben ihre Schicksale

Terentianus Maurus
2. Jh.

James Joyce

Nämlich je nachdem, wie der Leser sie aufnimmt. Dies schrieb der Sprachwissenschaftler Terentianus Maurus in seinem Hauptwerk *De litteris, de syllabis, de metris* (Über Aussprache, Silben und Versmaße). Möglicherweise wollte Maurus nur ausdrücken, dass jeder Leser ein Buch unterschiedlich aufnimmt. Manche Menschen, denen Bücher sehr viel bedeuten, wollen mit diesem Zitat jedoch sagen, dass Bücher genauso wie Menschen ihr jeweils eigenes Schicksal haben. James Joyce (1882–1941) schrieb über die Verleger: „Sie haben meinen Büchern durch den Druck ein eigenes Leben gegeben. Habent sua fata libelli."

Habet aceti in pectore

Er hat Essig in der Brust

Titus Maccius Plautus
∗ um 254 † um 184 v. Chr.

Im alten Rom bezeichnete man so jemanden, der über einen beißenden Humor, aber auch über einen scharfen Verstand verfügte. In Plautus' Stück *Pseudolus* will der Titelheld, ein cleverer Sklave, seinem jungen Herrn helfen, dessen Geliebte aus den Fängen eines Zuhälters zu befreien. Für dieses Komplott braucht er noch einen anderen Sklaven, und mit der Frage, ob dieser Essig in der Brust habe, möchte er herausbekommen, ob der potentielle Helfer auch über genug Verstand und Witz für dieses Abenteuer verfügt.

Hac urget lupus, hac canis

Hier lauert der Wolf, dort der Hund

Horaz (Quintus Horatius Flaccus)
∗ 65 † 8 v. Chr.

In seinen *Sermones* (Gesprächen) führt Horaz diese Worte als geläufiges Sprichwort an. Es will sagen, dass man leicht vom goldenen Mittelweg abkommt, was sowohl in der einen als auch der anderen Richtung Gefahren birgt. Im Gegensatz zu unserer Redewendung „sich zwischen Pest und Cholera entscheiden müssen" gibt es aber nicht nur zwei schlechte Alternativen, sondern einen gangbaren Weg zwischen Wolf und Hund hindurch, auch wenn dieser schmal ist. Das Sprichwort „Incidit in Scyllam, qui vult vitare Charybdim (Es verfällt der Syclla, wer die Charybdis meiden will)" war dagegen eher auf Situationen gemünzt, in denen es eigentlich keine Chance auf ein geschicktes Hindurchlavieren gibt. Dem Helden Odysseus in der griechischen Mythologie jedoch gelang das schier Unmögliche, nämlich sein Schiff zwischen dem Strudel Charybdis und dem Ungeheuer Scylla hindurch zu manövrieren.

Hannibal ante portas!

Hannibal vor den Toren!

Titus Livius
∗ um 59 v. Chr. † um 17 n. Chr.

Nach seinem berühmten Marsch über die Alpen im Winter 219/218 v. Chr. verwüstete der karthagische Feldherr Hannibal Italien und kam 211 v. Chr. Rom so gefährlich nahe, dass – wie Livius in seinem Geschichtswerk *Ab urbe condita* schreibt – die Bürger Angst vor dem Ruf „Hannibal ad portas (Hannibal an den Toren)" hatten. Der Redner Cicero (106–43 v. Chr.) be-

Hannibal

nutzte die Schreckensmeldung von damals, um rund 150 Jahre später Marcus Antonius (um 83–30 v. Chr.) als ähnlich gefährlichen Feind für Rom zu brandmarken. Wann und warum sich die sinngemäß nahezu identische Version „ante portas“ durchsetzte, ist unbekannt. Jedenfalls wird heute immer noch vor unliebsamen Besuchern „ante portas“ gewarnt.

Heu me miserum!

Weh, mir Armen!

Terenz (Publius Terentius Afer)
* um 195 † um 159 v. Chr.

Dieser Klageruf findet sich des Öfteren in der römischen Literatur. Die älteste bekannte Erwähnung stammt aus den Komödien *Hecyra* und *Phormio* von Terenz. Die so Klagenden sind jeweils Dienstboten, die durch die Verwicklungen des Stücks in eine brenzlige Lage gekommen sind. Der Ausruf „heu“ bedeutete „ach“ oder „weh“.

Hic et nunc

Hier und nun

Pietro Pomponazzi
* 1462 † 1525

„Hier und heute“ oder „sofort“ bedeutet diese Forderung, die der italienische Philosoph Pietro Pomponazzi in seinem Werk *Tractatus de immortalitate animae* (Abhandlung über die Unsterblichkeit der Seele) aufstellte. Pomponazzi kam nämlich zu der Ansicht, dass es keine unsterbliche Seele gibt und damit kein Weiterleben im Jenseits. Deshalb liege die Bestimmung des Menschen nicht darin, sich für ein besseres Jenseits zu präparieren, sondern sich „hic et nunc“, also in diesem Leben und sofort, für eine moralische Gesellschaftsordnung einzusetzen.

Pietro Pomponazzi

Hic iacet

Hier liegt

Tibull (Albius Tibullus)
* um 55 † um 18 v. Chr.

Diese beiden Worte sind häufig auf alten Grabsteinen zu lesen. Sie kommen jedoch auch schon in der antiken Literatur in den *Elegien* des Tibull vor. Der nämlich hatte seinen Gönner Messalla (64 v. Chr.–8. n. Chr.) im Jahr 31 v. Chr. auf eine Reise nach Asien begleitet. Dort wurde er krank und malte sich in einem Gedicht seinen baldigen Tod aus. Auf seinem Grabstein, so stellte er sich vor, solle stehen: „Hic iacet inmiti consumptus morte Tibullus, Messallam terra dum sequiturque mari (Hier liegt vom frühzeitigen Tod dahingerafft Tibull, als er Messalla durch Land und Meer folgte).“

Hic regit, ille tuetur

Die regiert, jenes schützt

Kaiser Friedrich III.
* 1415 † 1493

Neben dem geheimnisvollem A.E.I.O.U (siehe „Austria est ...“) war dies einer der Wahl-

Kaiser Friedrich III.

sprüche des römisch-deutschen Kaisers Friedrich III. aus der Familie der Habsburger. Mit „dieser“ ist dabei die Weisheit gemeint, mit „jenem“ das Schwert. Wobei Friedrich Letzteres nicht zu nutzen wusste. 1485 vertrieb ihn der Ungarnkönig Matthias Corvinus (1443–90) mit Unterstützung der Wiener aus seiner Hauptstadt. Friedrich bekam Wien und große Teile Österreichs erst nach Matthias' Tod zurück. Ob Friedrichs Passivität weise war, darüber lässt sich streiten. Immerhin überlebte er alle seine Gegner und hinterließ ein gestärktes Haus Habsburg.

Hic Rhodus, hic salta!

Hier ist Rhodos, hier springe!

Äsop
um 600 v. Chr.

Der Spruch stellt die Aufforderung dar, nicht mit Leistungen zu prahlen, die angeblich irgendwann und irgendwo erbracht wurden, sondern sie gefälligst unter Beweis zu stellen. Der griechische Fabeldichter Äsop erzählt in *Der Prahler* nämlich von einem Fünfkämpfer, der seine Zuhörer ständig mit seinen Weitsprungleistungen in Rhodos nervt, bis ihn schließlich jemand auffordert: „Autou gar Rhodos, kai pedema“. Mit der Übersetzung von Äsops Fabeln wurde der Spruch in seiner lateinischen Variante populär.

Zeichnung zu Äsops Fabeln

Hic sunt leones

Hier sind Löwen

Vermerk auf alten Karten

Diesen Hinweis kann man auf alten Weltkarten finden. Bereits im alten Rom bezeichneten die Kartografen damit Gegenden in Afrika, wo ihrer Meinung nach nur wilde Tiere lebten. Es stimmt allerdings nicht, dass „Hic sunt leones“ oder gar „Hic sunt dragones (Hier gibt es Drachen)“ ein allgemein üblicher Vermerk für solche Regionen war. Es gibt eine Vielzahl ähnlicher Vermerke, die sich z. B. auf Elefanten, Schlangen oder wilde Tiere allgemein beziehen. Auf vielen Karten finden sich aber auch nur Zeichnungen von real existierenden Tieren und Fabelwesen, die man in diesen Gegenden vermutete.

Hinc illae lacrimae

Daher jene Tränen

Terenz (Publius Terentius Afer)
∗ um 195 † um 159 v. Chr.

In Terenz' Komödie *Andria* (Das Mädchen aus Andros) wundert sich der alte Simo über die Trauer seines Sohnes bei einem Todesfall. Erst als er im Leichenzug die wunderschöne Schwester der Toten – das Mädchen aus Andros – entdeckt, wird ihm plötzlich klar, um wen sein Sohn, den er bereits mit einer anderen verlobt hat, weint. „Daher diese Tränen“, wird Simo klar. Im Sinne von „Das also ist der wahre

Grund“ wurde der Ausspruch sprichwörtlich. Er kommt u. a. bei Cicero und Horaz vor.

Hoc est enim corpus meum

Dies ist nämlich mein Leib

Jesus von Nazareth
∗ um 7 v. Chr. † um 30 n. Chr.

Ikonografische Christusdarstellung

Mit diesen Worten beginnt in der lateinischen Liturgie die Wandlung von Brot und Wein. Es sind die Worte, die Jesus laut der Evangelien beim letzten Abendmahl vor seinem Tod sprach. Er erklärte Brot und Wein zu seinem Leib und zu seinem Blut und gebot seinen Jüngern, künftig dieses Mahl in Gedenken an ihn zu feiern.

Hoc volo, sic iubeo

Das will ich, so befehle ich

Juvenal (Decimus Iunius Iuvenalis)
∗ um 60 † nach 127

In der sechsten seiner Satiren erzählt Juvenal von einer römischen Herrin, die von ihrem Mann die Kreuzigung eines Sklaven fordert. Als ihr Gatte versichert, der Betreffende sei vollkommen unschuldig, entgegnet sie: „Hoc volo, sic iubeo, sit pro ratione voluntas! (Das will ich, so befehle ich, statt einer Begründung stehe mein Wille).“ Es versteht sich von selbst, dass der deutsche Kaiser Wilhelm II. (1859–1941) die Gemüter heftig erregte, als er sich mit den Worten „hoc volo, sic iubeo“ ins Gästebuch der Stadt München eintrug.

Hominem te esse memento!

Denke daran, dass du ein Mensch bist!

nach Tertullian
(Quintus Septimius Florens)
∗ um 150 † 230

Tertullian

Die Römer pflegten siegreiche Feldherrn mit bombastischen Triumphzügen zu ehren. Doch sie hatten auch Angst, dass die Triumphatoren darüber in Größenwahn und Selbstüberschätzung verfallen könnten. Deswegen musste der Sklave, der hinter dem Feldherrn auf dem Wagen stand und den Lorbeerkranz über sein Haupt hielt, ihm immer wieder die Mahnung ins Ohr flüstern, dass auch er nur ein gewöhnlicher, sterblicher Mensch sei. Tertullian berichtet, der Spruch habe „Respice post te! Hominem te esse memento! (Schau hinter dich! Denke daran, dass du ein Mensch bist)“ gelautet.

Homo doctus in se semper divitias habet

Ein gelehrter Mensch hat immer Reichtum in sich

Phaedrus
∗ um 20 v. Chr. † um 50 n. Chr.

Diesen Satz stellte der römische Fabeldichter Phaedrus einer Anekdote voran, die er über den griechischen Dichter Simonides von Keos (um 556–467 v. Chr.) erzählte. In der Anekdote berichtet er von einem Schiffbruch, den Simonides einmal erlitten haben soll. Während alle anderen Insassen versuchten, ihre wichtigsten Reichtümer mitzunehmen, ließ er als einziger alles zurück. Die anderen ertranken an der Last ihrer Habe oder fielen am Ufer unter Räuber. Simonides jedoch konnte sich in die nächste Stadt retten, wo er auf einen glühenden Verehrer seiner Lyrik traf, der ihn mit allem Nötigen ausstattete.

Homo Faber

Der technisch arbeitende Mensch

Appius Claudius Caecus
∗ um 340 † 273 v. Chr.

„Faber“ war im alten Rom die Bezeichnung für einen Handwerker, im engeren Sinn für einen Schmied. Der blinde römische Zensor Appius Claudius Caecus, der u. a. die Via Appia bauen ließ, soll daraus das Sprichwort gemacht haben „Homo faber suae quisque fortunae (Jeder Mann ist seines Glückes Schmied)“. In den modernen Sozialwissenschaften wurde Homo Faber zum Begriff für den Menschen, der Werkzeuge machen und damit seine Umwelt bewusst gestalten kann. Die Philosophin Hannah Arendt (1906–75) unterscheidet zwischen dem kreativen Homo Faber und dem „animal laborans (dem arbeitendem Tier)“, das nur Weisungen erfülle und für seine Existenzsicherung arbeite. Sie prangert an, dass die moderne Arbeitswelt aus kreativen Menschen solche Arbeitstiere mache. Richtig bekannt aber wurde der Ausdruck durch den Roman *Homo faber* des Schweizer Schriftstellers Max Frisch (1911–91).

Via Appia

Homo homini lupus

Der Mensch dem Menschen ein Wolf

nach Titus Maccius Plautus
∗ um 254 † um 184 v. Chr.

In Plautus’ Stück *Asinaria* (Eselskomödie) erklärt ein Eselshändler, der einem Unbekannten Geld anvertrauen soll: „Lupus est homo homini, non homo, quom qualis sit non novit (Ein Wolf ist ein Mensch dem anderen, kein Mensch, wenn er nicht weiß, wie der andere ist).“ Er meint also, um Vertrauen zu haben, müsse man sich erst kennenlernen. Der englische Philosoph Thomas Hobbes (1588–1679) sah die menschliche Natur noch negativer. Er glaubte, dass ein Mensch dem anderen grundsätzlich als Wolf, also amoralisch und grausam, begegne, solange keine höhere Macht für Ordnung und Sicherheit sorge. Deshalb hielt Hobbes eine starke, autoritäre Staatsgewalt für notwendig.

Thomas Hobbes

Homo inter homines sum

Ich bin ein Mensch unter Menschen

Titus Petronius
∗ um 14 † 66

„... capite aperto ambulo; assem aerarium nemini debeo (ich gehe mit freier Stirn herum, ich schulde niemandem Geld)". Mit diesen Worten rechtfertigt sich in Petronius' Roman *Satyricon* ein ehemaliger Sklave, der sich inzwischen das römische Bürgerrecht erworben hat, aber glaubt, auf dem Gastmahl des ebenfalls neureichen Trimalchio von nobel geborenen Habenichtsen verspottet zu werden.

Homo sapiens

Der weise Mensch

Fachausdruck

Als Homo sapiens bezeichnen die Anthropologen („Menschen-Wissenschaftler") den heutigen Menschen und alle früheren Menschenformen, die offenbar schon fähig waren, über sich selbst nachzudenken, was sich z. B. in religiösen Handlungen, Beerdigungsritualen und der Anfertigung von Schmuck zeigt. Solche intelligenten Menschen tauchten erstmals vor etwa 200.000 Jahren auf. Das erste Auftreten von Menschen setzen die Wissenschaftler etwa vor zwei Millionen Jahren an. Diese frühen Vertreter nennen sie Homo habilis (geschickter Mensch), da er einfache Werkzeuge wie Faustkeile und Schaber herstellte. Etwa vor 1,7 Millionen Jahren folgte dann der Homo erectus (aufrechter Mensch), der auf zwei Beinen zu gehen begann. Der Begriff „Homo sapiens" wird von manchen Wissenschaftlern für alle Frühmenschen gebraucht, die Intelligenz zeigten, also etwa auch für die Neandertaler, die, wie man seit Neuestem durch DNA-Untersuchungen weiß, keine direkten Vorfahren des heutigen Menschen sind. Der moderne Mensch und seine Vorfahren werden dann als Homo sapiens sapiens bezeichnet. Die meisten Forscher verstehen heute unter Homo sapiens aber nur noch den modernen Menschen und seine Vorfahren.

Homo sum. Humani nil a me alienum puto

Ich bin ein Mensch. Nichts Menschliches glaube ich mir fremd

Terenz (Publius Terentius Afer)
* um 195 † um 159 v. Chr.

Diese Antwort gibt der alte Chremes in Terenz' Stück *Heautontimorumenos* (Der Selbstquäler) seinem Nachbarn Menedemus, dem Selbstquäler. Menedemus hatte sich jede Einmischung in seine Angelegenheiten verbeten und Chremes unterstellt, er könne doch gar nicht wissen, wie es ihm gehe. Der Satz wird später von vielen römischen Autoren wie Cicero, Seneca und Juvenal zitiert, teils mit direktem Bezug auf das Stück. Im Deutschen wird die Relativierung „ich glaube (puto)" meist unterschlagen und der Satz in der Variante „Nichts Menschliches ist mir fremd" zitiert.

Honoris causa

Aus Gründen der Ehre

Fachausdruck

„Honoris causa" wird ein Titel verliehen, wenn der Betroffene die eigentlichen Voraussetzungen dafür nicht erfüllt, aber wegen seiner persönlichen Qualitäten als würdig erachtet wird. Verwendet wird der Begriff vor allem bei der Verleihung einer Ehrendoktorwürde. Die so Geehrten dürfen sich dann Dr. h. c. nennen. Meistens halten sie nach der Verleihung einen wissenschaftlichen Vortrag, werden darüber hinaus aber nicht als Hochschullehrer tätig.

Bis dato wurden dem Dalai Lama 43 Ehrendoktorwürden verliehen

Horas non numero nisi serenas

Ich zähle nur die heiteren Stunden

Beliebte Inschrift auf Sonnenuhren

Diese Inschrift findet sich häufig auf Sonnenuhren. Woher sie stammt, ist jedoch nicht bekannt. Man darf allerdings davon ausgehen, dass er erst nach der Erfindung der mechanischen Uhr aufgekommen ist, als die früher wichtige Sonnenuhr zu einer netten Spielerei wurde. Im Deutschen hat sich daraus der Poesie-Albumvers „Mach es wie die Sonnenuhr: Zähl die heiteren Stunden nur“ entwickelt.

Horror vacui

Abscheu vor der Leere

Aristoteles
∗ 384 † 322 v. Chr.

Kann es ein Vakuum, einen Raum, in dem sich absolut nichts befindet, geben? Diese Frage beschäftigte schon die antiken Naturphilosophen. Aristoteles kam in mehreren Gedankenexperimenten zu der festen Überzeugung, dass es kein Vakuum geben könne. Er bescheinigte der Natur sogar eine Abscheu vor der absoluten Leere. Die Entdeckung, dass luftleer gepumpte Räume Luft ansaugen, bestätigt diese Vorstellung. Tatsächlich ist es bis heute nicht gelungen, ein absolutes Vakuum herzustellen, in dem sich kein einziges Atom mehr befindet. Aristoteles' Begriff wird jedoch inzwischen eher im psychologischen Sinn gebraucht, wenn sich Menschen in leeren Räumen unwohl fühlen oder Künstler geradezu zwanghaft jede freie Fläche gestalten müssen.

Humanae vitae

Menschliches Leben

Papst Paul VI.
∗ 1897 † 1978

Papst Paul VI.

Mit den Worten „Humane vitae tradendae munus gravissimum (Die überaus ernste Aufgabe, menschliches Leben weiterzugeben)“ beginnt die berüchtigte „Pillenenzyklika“ von Papst Paul VI. (Giovanni B. Montini) vom 25. Juli 1968. Wie alle päpstlichen Enzykliken ist sie nach ihren Anfangsworten benannt. Der Papst verurteilte darin jede künstliche Empfängnisverhütung etwa durch die Antibabypille, die damals seit acht Jahren auf dem Markt war, oder durch Kondome. Diese Position war damals auch innerhalb der katholischen Kirche heftig umstritten, ist aber bis heute die offizielle Doktrin des Vatikan.

Iesus Nazarenus Rex Iudaeorum

Jesus von Nazareth, König der Juden

Pontius Pilatus 1. Jh.

Der Evangelist Johannes berichtet, dass der römische Statthalter Pontius Pilatus bei der Kreuzigung von Jesus eine Tafel an dessen Kreuz anbringen lassen habe, auf der obige Bezeichnung auf Hebräisch, Lateinisch und Griechisch zu lesen gewesen sei. Das Anbringen solcher Tafeln war in Rom üblich, die Inschrift ist jedoch außergewöhnlich, da normalerweise die Schuld des Hingerichteten dort genannt wurde und kein Titel, den ihm seine Anhänger gaben. Die Abkürzung der lateinischen Kreuzinschrift INRI spielt deshalb in der christlichen Theologie und der religiösen Kunst (Ikonografie) eine große Rolle.

Imperium Romanum

Römischer Herrschaftsbereich

Marcus Tullius Cicero
∗ 106 † 43 v. Chr.

Als Imperium Romanum sehen wir heute das römische Reich an. Dementsprechend wurden auch andere große Reiche als Imperien bezeichnet wie etwa das britische Empire der Kolonialzeit. Ursprünglich war ein Imperium in Rom aber ganz allgemein eine Befehlsgewalt. Amtsträger bekamen ein Imperium übertragen, die Herrschaft über einen genau definierten Bereich. Der Titel „Imperator", der später für die römischen Kaiser stand, bedeutete zunächst Feldherr. Im Jahr 27 v. Chr. bekam Gaius Octavius nicht nur den Ehrentitel „Augustus (Der Erhabene)", sondern auch das „Imperium proconsulare maius (vergrößerte statthalterliche Amtsgewalt)", den absoluten Oberbefehl über alle Provinzen des Reiches und die dort aufgestellten Heere. Der erste, der von einem Imperium Romanum, einem römischen Herrschaftsbereich sprach, war vermutlich Cicero.

Impressum

Das Eingedruckte

Fachausdruck

Als Impressum bezeichnet man die Angabe, wer im Sinne des Presserechts für ein Schriftstück, etwa eine Zeitung oder Zeitschrift, aber auch eine Internetseite oder ein Flugblatt, verantwortlich ist. In Deutschland ist ein leicht auffindbares Impressum mit Adressangabe gesetzlich vorgeschrieben, sodass sich jeder Leser problemlos an den Verantwortlichen wenden kann.

In dubio pro reo

Im Zweifel für den Angeklagten

Tribonianus
† 542

Kaiser Justinian I.

Dieser bis heute gültige Rechtsgrundsatz findet sich erstmals in den *Digesten*, einer altrömischen Rechtssammlung, die der Gelehrte Tribonianus im Auftrag des byzantinischen Kaisers Justinian I. (um 482–565) zusammenstellte. Darin notierte er: „In re dubia benigniorem interpretationem sequi, non minus iustius quam tutius est (In einer zweifelhaften Sache der milderen Interpretation zu folgen, ist so gerecht wie sicher)."

In dulci jubilo

In süßem Jubel

Heinrich Seuse
∗ um 1295 † 1366

Mit diesen Worten beginnt ein auch heute noch oft gesungenes Advents- und Weihnachtslied aus dem 14. Jh., das im Allgemeinem dem schwäbischen Theologen Heinrich Seuse zugeschrieben wird. Die Besonderheit an diesem Lied ist, dass es aus lateinischen und deutschen Versatzstücken zusammengesetzt ist. Der Text geht weiter „... nun singet und seid froh! Unsers Herzens Wonne leit in præsepio (Krippe) und leuchtet als die Sonne matris in gremio (im Schoß der Mutter)."

In flagranti

Im Brennen

Kaiser Justinian I.
∗ um 482 † 565

Jemanden in flagranti zu erwischen, bedeutet, den Übeltäter zu schnappen, während er noch dabei ist, die Tat auszuführen. „Adhuc flagranti crimine comprehensi (Der bei noch brennendem Verbrechen Ertappte)" nennt das der *Codex Iustinaneus*, eine Sammlung von Erlassen des oströmischen Kaisers Justinian. Der Codex war Teil eines berühmten Gesetzbuches, des *Corpus iuris civilis* (Sammlung bürgerlichen Rechts), das der Gelehrte Tribonianus († 542) im Auftrag des Kaisers zusammenstellte.

In hoc signo vinces!

In diesem Zeichen wirst du siegen!

nach Eusebius von Caesarea
∗ um 260 † um 340

Kaiser Konstantin der Große

Der Kirchenhistoriker Eusebius ist vor allem durch eine vierbändige Biografie über Kaiser Konstantin den Großen (um 280–337) bekannt geworden. Darin berichtet er, Konstantin habe vor der Schlacht gegen seinen Konkurrenten Maxentius (um 278–312) an der Milvischen Brücke im Jahr 312 eine Vision gehabt. Er habe am Himmel ein leuchtendes Kreuz und die griechischen Worte „Tuto nika (Durch dieses siege)" gesehen. Also habe er das Kreuz in der Schlacht als Feldzeichen benutzt. Eusebius versichert, Konstantin selbst habe ihm diese Geschichte unter Eid erzählt. Sicher ist, dass Konstantin Maxentius besiegte und ein Jahr später im Toleranzedikt von Mailand das zuvor verbotene Christentum erlaubte und es auch persönlich kräftig förderte.

In medias res

Mitten in die Sache hinein

Horaz (Quintus Horatius Flaccus)
∗ 65 † 8 v. Chr.

In seiner *Ars Poetica*, seine Lehre von der Dichtkunst, lobt Horaz den griechischen Dichter Homer (8 Jh. v. Chr.) dafür, dass er in seinen Werken „mitten ins Geschehen" hineingeht, also z. B. mitten in den Trojanischen Krieg in der *Ilias*. Die ganze verwickelte Vorgeschichte bekommen die Leser dann peu à peu nachgetragen. „Medias in res" ist damit das Gegenteil von „ab ovo" (siehe dort). Von „medias in res" spricht man heute, wenn Menschen in Diskussionen oder Verhandlungen ohne viel Umschweife zur Sache kommen oder wenn sie die Dinge ohne langes Herumprobieren einfach anpacken, sozusagen ins kalte Wasser springen.

In Memoriam

In Erinnerung

Marcus Tullius Cicero
∗ 106 † 43 v. Chr.

Der Ausdruck wird vor allem dann gebraucht, wenn es um das Totengedenken geht. Er war auch schon in der römischen Republik gebräuchlich. Cicero stilisierte sich selbst in seiner Rede gegen Caesars skrupellosen Helfer Publius Vatinius zu einem eher unangenehmen Zeitgenossen ohne persönlichen Freunde, der nur wegen seiner politischen Verdienste geliebt wird. Er fragt jedoch, was wünschenswerter sein könne, als dass die Erinnerung an seinen Namen immer mit seinen Verdiensten um die Republik verbunden sei. Vatinius und damit Caesar beschuldigt er dagegen, die Republik zu zerstören – was historisch betrachtet auch zutrifft.

In nuce

In einer Nuss

Marcus Tullius Cicero
∗ 106 † 43 v. Chr.

Cicero, so berichtet der römische Gelehrte Plinius der Ältere (um 23–79), habe einmal von einer Abschrift der *Ilias* berichtet, die so klein geschrieben gewesen sei, dass sie in einer Nussschale Platz gefunden habe. Die Wendung „in nuce" wird deshalb gebraucht, wenn es gelingt, etwas besonders kurz und knapp zusammenzufassen. Vor allem im Englischen ist die Übersetzung „in a nutshell" eine gängige Redensart.

In tyrannos!

Gegen die Tyrannen

Friedrich Schiller
∗ 1759 † 1805

Friedrich Schiller

Dieser Schlachtruf fand sich auf dem Titelblatt der zweiten Auflage von Schillers Drama *Die Räuber*. Damit wurde unterstrichen, dass der Konflikt der beiden Brüder Moor politisch interpretiert und als Anklage gegen die Obrigkeit gesehen werden solle. Entsprechend heftig fiel die Reaktion aus: Schiller wurde nach der Uraufführung vom württembergischen Herzog 14 Tage lang ins Gefängnis geworfen und bekam Schreibverbot. Einige Monate später floh er dann aus seinem Heimatland nach Mannheim. Vieler Forscher sind aber der Meinung, dass es nicht Schiller, sondern dessen Drucker war, der *Die Räuber* eigenmächtig zum Protest gegen die Tyrannei erklärte.

In varietate concordia

Eintracht in der Verschiedenheit

Wahlspruch der Europäischen Union

Dass die Europäische Union einen Wahlspruch hat, ist wahrscheinlich den meisten EU-Bürgern unbekannt. Im Grunde ist er auch noch nicht wirklich offiziell, da er zum ersten Mal 2003 in einem Entwurf für eine künftige EU-Verfassung auftauchte, die ja bekanntlich auch noch nicht in Kraft getreten ist. Der Wahlspruch wurde dem Vernehmen nach – wie auch die anderen Europa-Symbole Flagge, Hymne und Europatag – erst sehr spät in den Text aufgenommen. Scheinbar war der Wunsch nach einem Motto und gemeinsamen Symbolen bei den Abgeordneten nicht allzu groß.

In vino veritas

Im Wein ist Wahrheit

Alkaios
∗ um 630 † um 580 v. Chr.

„Wein, mein Kind", schrieb der griechische Autor Alkaios in einem seiner Gedichte, das nur als Fragment erhalten ist, „ist auch Wahrheit."

Alkaios und Sappho

Der römische Volksmund verkürzte das dann zur Pauschalbehauptung, im Wein läge die Wahrheit. Nun ist das sicherlich richtig, wenn manch Betrunkener Dinge ausplaudert, die ihm nüchtern nie über die Lippen kämen. Alkaios jedoch kannte auch die Gegenseite. Ein anderes seiner Gedichte feiert den Wein als Mittel, unliebsame Wahrheiten zu ertränken.

In vitro

Im Glas

Fachausdruck

Mit dem Begriff „in vitro" bezeichnet man in der Biologie Vorgänge, die normalerweise in einem lebendigen Organismus (in vivo) ablaufen, in diesem Fall aber im Reagenzglas durchgeführt werden. Am bekanntesten ist die In-vitro-Fertilisation (IVF), die künstliche Befruchtung einer Eizelle im Reagenzglas. Das erste Kind, das 1978 in England nach einer solchen Zeugung zur Welt gekommen ist, wurde auch als Retortenbaby bezeichnet.

Individuum

Das Unteilbare

Lehnwort

„Individuus" bedeutet auf Lateinisch nicht zu teilen. Jemanden als Individuum oder individuelle Persönlichkeit wahrzunehmen, bedeutet, nicht auf einzelne Aspekte zu achten, sondern die Gesamtheit dieser Persönlichkeit mit all ihren Facetten wahrzunehmen. In unserer Alltagssprache wird individuell aber eher in der Bedeutung von „besonders" und nicht von „ungeteilt" verwendet. Der lateinische Begriff, der am ehesten umschreibt, was wir mit individuell meinen, wäre „proprium (Das Eigene)"

Inserat

Es soll eingefügt werden

Lehnwort

Als Inserat bezeichnet man eine Anzeige in einem Printmedium. Der Begriff kommt daher, dass die Manuskripte mit den Anzeigentexten den Setzern früher mit der lateinischen Aufforderung weitergegeben wurden, dass diese Meldungen in die Druckvorlage eingefügt werden sollen.

Inter urinas et faeces homo nascitur

Zwischen Urin und Unrat wird der Mensch geboren

Augustinus von Hippo
* 354 † 430

Diese drastische Darstellung der menschlichen Geburt aus einer Körperöffnung die in unmittelbarer Nähe zu jenen liegt, die Urin und Kot absondern, wird oft dem heiligen Augustinus zugeschrieben. Es gibt jedoch in seinem Werk keinen Beleg dafür. Sie wurde benutzt, um das Elend, in das viele Menschen hin-

Älteste bekannte Darstellung des Heiligen Augustinus in der Laterankirche

eingeboren werden, zu umschreiben, könnte aber ursprünglich vor allem als Abwertung des weiblichen Körpers formuliert worden sein.

Interim fit aliquid

Inzwischen geschieht etwas

nach Terenz (Publius Terentius Afer)
∗ um 195 † um 159 v. Chr.

Mit „Kommt Zeit, kommt Rat" könnte man dieses lateinische Sprichwort sinngemäß übersetzen. „Interea fiet aliquid, spero (Inzwischen wird irgendetwas geschehen, hoffe ich)", sagt in Terenz' Stück *Andria* (Das Mädchen aus Andros) Charinus, nachdem es ihm gelungen ist, die Vermählung seiner Geliebten Philumela mit einem anderen fürs Erste um ein paar Tage zu verzögern. In der Komödie geschieht dann tatsächlich so einiges, und am Ende bestehen beste Aussichten, dass Charinus und Philumela doch noch heiraten können.

Ipse dixit

Er selbst hat gesagt

Marcus Tullius Cicero
∗ 106 † 43 v. Chr.

In seiner Schrift *De natura deorum* (Über die Natur der Götter) lässt sich Cicero darüber aus, dass Dinge allzu oft als unumstößlich betrachtet werden, wenn ein berühmter Mann sie geäußert hat. Vor allem ärgert er sich über die Pythagoräer, die auf Rückfragen immer mit dem Argument „Ipse dixit", also „Pythagoras hat es gesagt", antworten. Entsprechend pflegten Künstler ihre Werke mit dem Vermerk „N. N. (Ipse) fecit (N. N. hat dies [selbst] gemacht)", bzw. „Ipse pinxit (Er selbst hat das gemalt)" etc. zu signieren. Daneben findet sich in der römischen Literatur auch wiederholt die Bekräftigung „Dixi (Ich habe gesagt)" im Sinne von „Ich habe gesprochen. Basta!" oder „Dixi valete" im Sinne von „Ich habe alles gesagt, was es zu sagen gibt. Lebt wohl!"

Pythagoras

Ita est vita hominum

So ist das Leben der Menschen

Terenz (Publius Terentius Afer)
∗ um 195 † um 159 v. Chr.

„... quasi quum ludas tesseris (als ob du Würfel spielst)." Dies entgegnet Micio in Terenz' Stück *Adelphoe* (Die Brüder) seinem Bruder Demea. Dessen Sohn hatte ein Mädchen ohne Vermögen geschwängert und möchte es auch heiraten. Während Demea nach Wegen sucht, die Verbindung zu verhindern, drängt Micio ihn, die Sache hinzunehmen. Heute würde er vermutlich die französische Wendung „C'est la vie (Das ist das Leben)" verwenden.

Ite, missa est!

Geht, dies ist die Entlassung!

Religiöse Formel

Mit diesen nüchternen, fast schroffen Worten, die bei einem Hochamt aber feierlich gesungen werden, endet die lateinische Liturgie in der katholischen Kirche. Die Gemeinde antwortet darauf „Deo gratias (Gott sei Dank)".

Iucundi acti labores

Angenehm sind die getanen Arbeiten

Marcus Tullius Cicero
∗ 106 † 43 v. Chr.

Euripides

Diese Feststellung macht Cicero in seinem Buch *De Finibus bonorum et malorum* (Über die Grenzen des Guten und des Schlechten), in dem er sich mit der Philosophie Epikurs (um 341–270 v. Chr.) auseinandersetzt. Epikur war ein Vertreter des Hedonismus, dementsprechend empfahl er seinen Anhängern, immer nach „Hedone" (griech. Lust) zu suchen. Dabei ging es ihm aber nicht um oberflächliche Lüste, sondern um echte Befriedigung in Form von erledigter Arbeit oder guten Taten. Im Übrigen bezieht sich Cicero auch auf den griechischen Dichter Euripides (um 480–406 v. Chr.), der in seinem Drama *Andromeda* schrieb: „Süß ist die Erinnerung an vergangene Mühen."

Ius primae noctis

Recht der ersten Nacht

Rechtsbegriff

Damit wird der mittelalterliche Brauch bezeichnet, nach dem Adelige das Recht gehabt haben sollen, mit einer Leibeigenen oder Dienerin die erste Nacht nach deren Eheschließung zu verbringen. Inwieweit es diesen Brauch tatsächlich gab, ist unter Historikern stark umstritten. Zwar scheint so etwas vereinzelt vorgekommen zu sein, im Großen und Ganzen handelt es sich aber wohl um einen Mythos, der durch Romane wie *Baudouin de Sebourc* (um 1350) oder *Der tolle Tag oder Die Hochzeit des Figaro* von Pierre Augustin Caron de Beaumarchais (1732–99) geschürt wurde.

Caron de Beaumarchais

Jubilate deo omnis terra

Jubelt Gott alle Länder

Psalm 100

„... servite Domino in laetitia (dient dem Herrn in Freude)." Mit diesen Worten beginnt die lateinische Übersetzung des 100. Psalms aus dem *Alten Testament*. Er ist einer der bekanntesten Psalmen und wurde häufig von Musikern interpretiert, etwa von Michael Praetorius (1571–1621) als Kanon. Mit den gleichen Worten beginnt aber auch der Psalm 66, in Psalm 98 finden sie sich in der zweiten Zeile und die Psalmen 47 und 81 enthalten den Anfang „Jubilate deo".

Lapides loqueri

Du redest Steine

Titus Maccius Plautus
∗ um 254 † um 184 v. Chr.

Mit diesen Worten beschwert sich der ältliche Megadorus in Plautus' Komödie *Aulularia* (Der versteckte Schatz) bei seiner Schwester, die ihm vorwirft, dass er noch nicht verheiratet ist. Das Bild darf ganz wörtlich genommen werden. Megadorus empfindet die Worte seiner Schwester wie harte Steine. Ähnliche Formulierungen gibt es auch bei anderen Autoren. So findet sich bei Plautus' griechischem Kollegen Aristophanes (um 448–385 v. Chr.) der Satz „Du hast Rosen zu mir gesprochen."

Lapsus

Straucheln

Lehnwort

Sigmund Freud

Ein „Lapsus" ist im Lateinischen ein Fehltritt, ein Ausgleiten oder Straucheln – oder ein geringfügiger Fehler. In letzterer Bedeutung wurde das Wort auch in die deutsche Sprache aufgenommen. Manchmal wird es auch mit lateinischen Spezifikationen verwendet, etwa der „Lapsus Linguae (Straucheln der Zunge)", der Versprecher, der „Lapsus Memoriae", die fehlerhafte Erinnerung, oder der Schreibfehler („Lapsus Calami"). Man spricht aber auch von „Freudschen Fehlern", da laut dem Psychoanalytiker Sigmund Freud (1856–1939) störende Gedanken aus dem Unterbewussten für dieses Straucheln beim Reden, Schreiben und Denken verantwortlich sind.

Laudator temporis acti

Lobredner vergangener Zeiten

Horaz (Quintus Horatius Flaccus)
∗ 65 † 8 v. Chr.

In seiner *Ars Poetica* gibt Horaz jungen Kollegen Tipps, wie sie Stücke schreiben können, die die Massen begeistern. Unter anderem rät er

Horaz

ihnen, jedes Alter miteinzubeziehen. Dabei gilt es zu bedenken, dass alte Männer sehr verschieden sein können. Die einen haben die Ideale ihrer Jugend vollkommen vergessen, während die anderen darüber jammern, dass früher alles besser gewesen sei. Das Urteil gewinnt dadurch an Schärfe, dass „temporis acti" nicht nur vergangene, sondern abgearbeitete, quasi erledigte Zeiten sind.

Legi, intellexi, condemnavi

Ich habe es gelesen, verstanden und verdammt

Julian II. Apostata
(Flavius Claudius Iulianus)
∗ 331 † 363

Der römische Kaiser Julian II. fällt durch zwei Dinge unter den spätrömischen Herrschern auf. Erstens war er fähiger als die meisten seiner Vor- und Nachfolger, zweitens war er der einzige nach seinem Onkel Konstantin dem Großen (um 280–337), der sich nicht zum Christentum bekannte. Obwohl christlich erzogen, wandte er sich später wieder der antiken Religion – und der neuplatonischen Philosophie – zu, weshalb er im Nachhinein Apostata (Der Abtrünnige) genannt wurde. Gegen den Vorwurf einiger Bischöfe, er habe eine christliche Abhandlung zwar gelesen, aber nicht verstanden, soll er sich mit obiger Abwand-

Julian II. Apostata

lung von Caesars „Veni, vidi, vici (siehe dort)“ gewehrt haben. Eine mittelalterliche Biografie des Heiligen Basilius (um 330–379) – mit dem Julian zusammen in Athen studiert hatte – behauptet, Julian wäre mit den Worten „Vicisti, Galilae (Du hast gesiegt, Galiläer)“ gestorben, was jedoch wenig glaubhaft ist.

Licentia poetica

Dichterische Freiheit

Lucius Annaeus Seneca
der Jüngere
∗ um 4 v. Chr. † 65 n. Chr.

Weder Wallenstein noch Don Carlos waren so, wie Schiller sie in seinen Dramen darstellte, und Richard III. nicht der Schurke, den Shakespeare aus ihm machte. Mit den historischen Tatsachen in einem belletristischen Werk etwas großzügiger umzugehen, ist dichterische Freiheit. Zum ersten Mal taucht der Begriff allerdings in einem naturwissenschaftlichen Werk des römischen Gelehrten Seneca auf. „Es gehört zur dichterischen Freiheit (poeticam istud licentia decet)“, schreibt er im Kapitel über Blitze, „zu behaupten, Jupiter wechsle die Kraft seiner Blitze, je nachdem, was er damit treffen wolle.“

Tod des Seneca

Lingua franca

Fränkische Sprache

Fachausdruck

Als Lingua franca bezeichnet man eine Sprache, die zwischen mehreren Völkern als gemeinsame Verkehrssprache dient. Der Begriff entstand im Mittelalter entweder in Andalusien oder in Byzanz, wo die christlichen Westeuropäer generell als Franken bezeichnet wurden. Die ursprüngliche Lingua franca war eine sogenannte Pidginsprache, wie sie später auch in überseeischen Kolonien entstand. Sie bestand aus einem einfachen „Romanisch“, das sowohl Italiener, Spanier und Franzosen als auch lateinischsprachige Menschen verstanden, und war gespickt mit griechischen, arabischen, persischen und auch slawischen Begriffen. Da sie kaum geschrieben wurde, weiß man allerdings recht wenig über sie.

Lorem ipsum

„erz selbst“

nach Marcus Tullius Cicero
∗ 106 † 43 v. Chr.

„Lorem ipsum dolor sit amet, consectetur, adipisci velit …“ ist der Anfang eines Blindtextes, der teils aus lateinischen, teils aus nur lateinisch wirkenden Wörtern besteht und insgesamt keinen Sinn ergibt. Er wird traditionell von Setzern benutzt, um das Erscheinungsbild eines lateinischen Textes in verschiedenen Schriftarten und Formaten zu demonstrieren, ist aber bewusst unsinnig, damit er nicht irrtümlich als gesetzter und so gewoll-

Seite aus *De finibus bonorum et malorum* von Cicero

ter Text „durchrutscht". Die Fragmente stammen aus Ciceros *De finibus bonorum et malorum* (Über die Grenzen des Guten und Schlechten), wo es heißt: „Neque porro quisquam est, qui dolorem ipsum, quia dolor sit, amet, consectetur, adipisci velit (Es gibt ferner niemanden, der den Schmerz selbst, weil er Schmerz ist, liebt, sucht und haben will)."

Lupus in fabula

Der Wolf in der Erzählung

Terenz (Publius Terentius Afer)
∗ um 195 † um 159 v. Chr.

Anscheinend existierte in Rom der Aberglaube, dass der Wolf kommt, wenn man von ihm redet. Die Redewendung „Lupus in fabula" entspricht unserem heutigen „Mal den Teufel nicht an die Wand" oder „Wenn man vom Teufel spricht …". Die älteste schriftliche Erwähnung findet sich in Terenz' Komödie *Adelphoe* (Die Brüder). Cicero (106–43 v. Chr.) schreibt in einem seiner Briefe: „De Varrone loquebamur: lupus in fabula. Venit enim ad me (Wir sprachen über Varro: der Wolf in der Fabel. Er kam nämlich zu mir)." Dies zeigt, wie scherzhaft man den Ausdruck auch in Rom gebrauchte. Der Gelehrte Varro (116–27 v. Chr.) war nämlich ein Freund von Cicero und keine bedrohliche Heimsuchung.

Magnificat anima mea dominum

Meine Seele lobpreist den Herrn

Lukas-Evangelium

Das Magnificat ist eines der wichtigsten Lobgebete der christlichen Kirche, das u. a. fester Bestandteil der Vesper (Abendgebet) verschiedener Mönchsorden ist. Es ist die Übersetzung eines Gebetes, das Maria gesprochen haben soll, als sie von ihrer Schwangerschaft erfuhr. Allerdings ist dieses Gebet vollständig aus verschiedenen Sätzen des *Alten Testaments* zusammengesetzt, vor allem aus den Psalmen.

Lukas aus dem Evangeliar Ottos III.

Malleus maleficarum

Hexenhammer

Henricus Institor
(Heinrich Kramer)
∗ um 1430 † um 1505

„Hammer der Übeltäter" lautet der Titel dieses berüchtigten Buches wörtlich. Zu einer Zeit, wo es Hexenverfolgungen zwar schon gab, sie aber noch lange kein Massenphänomen waren, drängte der besessene Dominikanermönch Heinrich Kramer Papst Innozenz VIII. (1432–92) im Jahr 1484 dazu, die Existenz von Hexen und Hexerei mit einer päpstlichen Bulle zur Tatsache zu erklären. Anschließend machte sich Kramer daran, den *Hexenhammer* zu schreiben. Darin sammelte er die wildesten Spekulationen und Mutmaßungen – vor allem sexueller Natur – über Hexen und gab ihnen einen pseudowissenschaftlichen Anstrich. Zu seinen Lebzeiten fand das Buch relativ wenig Beachtung, im 17. Jh. jedoch wurde es zur „Bibel" der fanatischsten Hexenverfolger.

Manum de tabula!

Hand von der Tafel!

nach Apelles
4. Jh. v. Chr.

„Hände weg" hieß diese römische Redewendung. Sie geht zurück auf eine von Plinius dem Älteren (um 23–79) überlieferte Anekdote. Er erzählt, der berühmte griechische Maler Apelles habe sich trotz seines Fleißes (siehe: Nulla dies ...) auch gerühmt, dass er im Gegensatz zu manchem Kollegen wisse, wann es die rechte Zeit sei, die Hände von der Maltafel zu nehmen. „Manum de tabula" wurde offenbar schon unter Plinius Zeitgenossen sprichwörtlich, denn im *Satyricon* des Petronius (um 14–66) rühmt sich der neureiche Trimalchio: „Postquam coepi plus habere quam tota patria mea habet, manum de tabula (Als ich mehr hatte, als mein ganzes Vaterland: Hände von der Tafel)." Er habe den Handel aufgegeben und sich fortan mit Bankgeschäften beschäftigt.

Mater semper certa est

Die Mutter ist immer sicher

Römischer Rechtsgrundsatz

Dieser lateinische Rechtsgrundsatz besagt, dass es keinen Zweifel darüber gibt, wer die Mutter eines Kindes ist, nämlich die Frau, die es geboren hat. Doch was ist mit dem Vater? „Pater est, quem nuptiae demonstrant (Der Vater ist, wen die Heirat als solchen ausweist)", lautet ein Rechtsspruch, der in den *Digesten* des byzantinischen *Corpus iuris civilis* auf den Rechtsgelehrten Julius Paulus (3. Jh.) zurückgeführt wird. Dies war auch bis in die Neuzeit in den meisten Fällen die rechtliche Devise. Im Volksmund heißt es jedoch: „mater certa, pater incerta (Die Mutter sicher, der Vater unsicher)." Schwangerschaften per Eizellenspende und DNA-Tests für zweifelnde Väter haben diese alte Weisheit freilich gründlich auf den Kopf gestellt.

Manus manum lavat

Eine Hand wäscht die andere

Epicharmos von Kos
* um 540 † um 460 v. Chr.

Menandros

Dieser Spruch findet sich schon in den Fragmenten, die vom Werk des griechischen Gelehrten Epicharmos von Kos überliefert sind. „Gebe etwas und du wirst was empfangen", fügte Epicharmos noch erklärend hinzu. Später findet man die Redensart in den Werken des griechischen Komödiendichters Menandros (um 342–290 v. Chr.), im *Satyricon* des Petronius und in den Werken von dessen Zeitgenossen Seneca.

Me transmitte sursum, Caledoni!

„Beam me up, Scotty!"

Southpark

Beam me up Scotty!, Szene aus *Star Trek*

Der Satz „Beam me up, Scotty" steht für die legendäre Fernsehserie *Raumschiff Enterprise* (engl. Star Trek), obwohl er in exakt dieser Form nie vorkommt. Jedoch gibt es mehrere ähnlich lautende Forderungen an Bordingenieur Montgomery Scott, Mitglieder der Crew durch „Beamen" an andere Orte zu versetzen. In der US-Zeichentrickserie *Southpark* steht die lateinische Übersetzung über dem Eingang des örtlichen Planetariums.

Mea culpa

Meine Schuld

Gebetsformel

Der Ausdruck wird heute als eher lässige Entschuldigung bei nicht so gravierenden Problemen gebraucht – es sei denn, man nimmt an einem lateinischsprachigen Gottesdienst teil. Zu dessen Liturgie gehört traditionell auch ein Schuldbekenntnis, das mit den Worten „Confiteor deo omnipotenti (Ich bekenne Gott dem Allmächtigen)" beginnt und die dreifache Anklage „mea culpa, mea culpa, mea maxima culpa (durch meine Schuld, durch meine Schuld, durch meine allergrößte Schuld)" enthält.

Media in vita in morte sumus

Mitten im Leben sind wir im Tod

Notker I. von Sankt Gallen
∗ um 840 † 912

Hartmann von Aue

Mit diesen Worten beginnt ein mittelalterliches Kirchenlied, das der Legende nach der Schweizer Abt Notker der Stammler gedichtet hat, nachdem er Bauleute bei einem Brückenbau über einem schwindelnden Abgrund gesehen hatte. Vermutlich ist das Lied aber schon älter und stammt aus Frankreich. Es fand Eingang in das Epos *Der arme Heinrich* von Hartmann von Aue († um 1215), erfreute sich im Barock größter Beliebtheit, wurde von Martin Luther (1483–1546) übersetzt und wird auch heute noch gesungen.

Medicus curat, natura sanat

Der Arzt behandelt, die Natur heilt

Hippokrates von Kos
∗ um 460 † um 370 v. Chr.

Hippokrates von Kos

Diese Weisheit wird in der Regel auf den berühmten antiken Arzt Hippokrates zurückgeführt, lässt sich so allerdings nicht belegen. Allenfalls kann man aus seinem Werk die Forderung herauslesen, dass ein Arzt immer im Einklang mit der Natur arbeiten muss, wenn er Erfolg haben will. Er kann z. B. eine Wunde versorgen und nähen, damit sie besser heilt, doch nur die Natur kann das zerstörte Gewebe wieder zusammenwachsen lassen.

Melius est clarum fieri quam nasci

Besser ist es, berühmt zu werden, als (berühmt) geboren zu werden

Axel Oxenstierna
∗ 1583 † 1654

Axel Oxenstierna

Diesem Wahlspruch wurde der schwedische Kanzler Oxenstierna wahrlich gerecht. Als Sohn eines einfachen Freiherrn geboren, wurde er die rechte Hand von König Gustav II. Adolf (1594–1632) und übernahm nach dessen Tod in der Schlacht von Lützen die Regentschaft für dessen Tochter Christina (1626–89). Er gilt als einer der bedeutendsten Politiker in der schwedischen Geschichte. Recht bekannt ist auch noch folgendes Zitat von ihm: „An nescis, mi fili, quantilla prudentia mundus regatur (Oder weißt du etwa nicht, mein Sohn, mit wie wenig Klugheit die Welt regiert wird?)".

Memento mori

Gedenke, dass du sterben wirst

Römische Redewendung

Dies war wohl einer der Sätze, die ein Sklave dem siegreichen Feldherrn im alten Rom beim Triumphzug ins Ohr flüstern musste, damit er sich nicht allzu gottgleich fühlte (vgl. dazu auch „Hominem te esse memento!"). Ansonsten empfahlen die antiken Philosophen lieber das „carpe diem" (siehe dort) und nicht, sich vorzeitig mit dem eigenen Tod zu befassen. Der Gedanke hinter dem Schlagwort „Memento mori" fand erst im Christentum weiten Zuspruch, vor allem im Barock nach den Erfahrungen des Dreißigjährigen Krieges (1618–48). Als Memento mori wurden auch Gegenstände bezeichnet, die an den Tod und die Vergänglichkeit erinnern sollten. Viele Leute trugen solche Dinge ständig bei sich.

In Albrecht Dürers *Melencolia* I. finden sich viele Mementi mori (z. B. Sanduhr, Totenglocke).

Mens sana in corpore sano

Ein gesunder Geist in einem gesunden Körper

Juvenal (Decimus Junius Juvenalis)
∗ um 60 † nach 127

Mit diesem Ausspruch ist der römische Satiriker Juvenal gründlich missverstanden worden, den er wollte keineswegs sagen, dass beides automatisch zusammengehört, sondern nur, dass dies wünschenswert sei. „Ut tamen et poscas aliquid uoueasque sacellis exta et candiduli diuina tomacula porci, orandum est ut sit mens sana in corpore sano (Und damit du was hast, worum du betest, weshalb du vor dem Schrein Kutteln und göttliche Schweinswürste opferst, sollst du um einen gesunden Geist in einem gesunden Körper beten)", schreibt er in seiner zehnten Satire. Heute wird der Spruch dagegen meistens verwendet, um zu suggerieren, dass körperliches Wohlbefinden sich auch automatisch auf den Geist auswirkt.

Meum est propositum in taberna mori

Mir ist vorherbestimmt, in der Schenke zu sterben

Archipoeta
∗ um 1130 † nach 1165

„... ut sint vina proxima morientis ori; tunc cantabunt laetius angelorum chori: Sit Deus propitius huic potatori (... damit die Weine dem Mund des Sterbenden ganz nahe sind; dann werden die Engelchöre freudiger singen: Gott sei diesem Trinker wohl gesonnen)". So lautet eine Strophe aus der *Vagantenbeichte* des „Erzpoeten", dessen wirklicher Name nicht überliefert ist. Das Lied entstand wohl bei der deutschen Belagerung von Pavia im Jahr 1163. Der „Erzpoet“ bekennt darin alle seine Laster, bereut sie aber nicht, sondern feiert sie vielmehr.

Minima moralia

Winzige moralische Betrachtung

Theodor (Wiesengrund) Adorno
∗ 1903 † 1969

Theodor Adorno

Minima moralia. Reflexionen aus einem beschädigten Leben nannte der deutsch-jüdische Philosoph Theodor Adorno eine Sammlung bitterer Aphorismen und kurzer Betrachtungen, die er während des Zweiten Weltkrieges im amerikanischen Exil geschrieben hatte. Der Titel lehnt sich an ein antikes Werk namens *Magna moralia* (Große moralische Betrachtung) an, das traditionell Aristoteles zugeschrieben wurde, aber wohl nicht von ihm stammt. In den *Minima moralia* findet sich auch Adornos von der 68er-Bewegung so oft zitiertes Statement: „Es gibt kein richtiges Leben im falschen.“

Misera plebs

Armseliges Volk

Horaz (Quintus Horatius Flaccus)
∗ 65 † 8 v. Chr.

Dieser Ausdruck für die römische Unterschicht findet sich in einer Satire des Horaz, in der er eine groteske Begegnung des recht unbedeutenden römischen Gottes Priapus mit zwei Hexen auf einem Armenfriedhof schildert. Das bedeutet allerdings nicht, dass Horaz den Begriff auch erfunden hat. Die römische Republik war von Anfang an von einem starken Gegensatz zwischen der reichen und Macht habenden Oberschicht der Patrizier und der Masse der einfachen Leute, der Plebejer, bestimmt. Während sich die Plebejer im Laufe der Zeit gewisse politische Rechte erkämpften, nahm aber ihre wirtschaftliche Verelendung zu, da die freien Arbeiter nicht mit der Sklavenarbeit konkurrieren konnten.

Horaz

Misereor

Ich erbarme mich

Jesus von Nazareth
∗ um 7 v. Chr. † um 30 n. Chr.

„Misereor super turbam, quia iam triduo sustinent me nec habent, quod manducent (Ich habe Erbarmen mit der Volksmenge, weil sie schon drei Tage mit mir ausharrt und nichts hat, was sie essen kann)“, sagte Jesus im *Markus-Evangelium* vor dem Wunder der Speisung der Viertausend mit nur sieben Broten. Auf diese Bibelstelle nahmen die deutschen Bischöfe Bezug, als sie 1958 ihr neugegründetes Hilfswerk Misereor nannten. In jährlichen Fastenaktionen werden die katholischen Christen aufgerufen, Erbarmen mit den Hungernden und Bedürftigen in aller Welt zu haben. Das Hilfswerk der evangelischen Kirche dagegen trägt den Namen „Brot für die Welt“. 1993 gründete die katholische deutsche Kirche ein weiteres Hilfswerk speziell für die Unterstützung der Kirchen in Osteuropa, das in Anlehnung an *Psalm 104* „Renovabis (Du erneuerst)" heißt.

Jesus in Emmaus, Gemälde von Rembrandt

Modus operandi

Art des Vorgehens

Pietro Pomponazzi
∗ 1462 † 1525

Dieser Ausdruck, der sich auch schon im *Tractatus de immortalitate animae* (Abhandlung über die Unsterblichkeit der Seele) des italienischen Philosophen Pomponazzi findet, wird vor allem in der Soziologie, der Kriminalistik und im Wirtschaftsleben verwendet. Er kommt einerseits zum Einsatz, wenn es gilt, ein künftiges Vorgehen zu planen und ein Schema zu erstellen, an das sich alle Beteiligten halten. Andererseits wird er benutzt, um nachträglich ein Muster im Verhalten eines Menschen zu erkennen, etwa wenn ein Serientäter immer nach einem ähnlichen Schema vorgeht. Ebenfalls ein gängiger Begriff ist der „Modus Vivendi (Art des Lebens)", der vor allem benutzt wird, wenn es darum geht, in einer Gruppe, einer Nachbarschaft oder in einem anderen sozialen Zusammenhang einen „Modus Vivendi" untereinander zu finden, also einen Weg, erträglich zusammenzuleben.

Mors certa, hora incerta

Der Tod ist sicher, die Stunde unsicher

nach Marcus Tullus Cicero
∗ 106 † 43 v. Chr.

„Moriendum enim certe est, et incertum an hoc ipso die (Das Sterben nämlich ist sicher, und unsicher ist der Tag selbst)." Diese Worte legte Cicero in seiner Schrift *De senectute* (Über das Alter) Cato dem Älteren (234–149 v. Chr.) in den Mund. Die Kurzform „Mors certa, hora incerta" wurde später eine beliebte Inschrift auf Uhren. Ein anderer populärer Uhrenspruch lautet: „Omnes vulnerant, postuma/ultima necat (Alle [Stunden] verwunden, die letzte tötet)."

Seite aus *De senectute* von Cicero

Mulier taceat in ecclesia

Die Frau schweige in der Versammlung

Paulus von Tarsus
† um 65

Frauen, so schrieb der Apostel Paulus in seinem ersten Brief an die Gemeinde in Korinth, sollen in den Gemeindeversammlungen schweigen. Wenn sie über etwas Auskunft haben wollten, sollten sie zu Hause ihre Männer fragen. Diese Anweisung mutet heute

Paulus

umso befremdlicher an, da Paulus sich selbst nicht daran gehalten zu haben scheint. Jedenfalls enthalten seine Briefe Grüße und Lobsprüche über diverse Apostelinnen, Gemeindevorsteherinnen und andere Mitarbeiterinnen, die ihre Aufgaben bestimmt nicht nur schweigend verrichteten. Trotzdem wurde der Satz von späteren Kirchenoberhäuptern häufig zitiert, immer mit Verweis auf die Autorität des Paulus. Das griechische Wort „ecclesia" bedeutete übrigens Volksversammlung, wurde von den Christen für ihre Gemeindeversammlungen übernommen und später zum lateinischen Lehnwort für die christliche Kirche überhaupt.

Multum, non multa

Viel, nicht vielerlei

Plinius der Jüngere
∗ um 61 † um 113

„Aiunt enim multum legendum esse, non multa (Es heißt nämlich, man solle viel lesen, nicht vielerlei)", schrieb der Politiker Plinius in einem seiner zahlreichen Briefe. „Multum, non multa" ist also ein Ratschlag, sich zu spezialisieren und sich lieber intensiv mit wenigen Dingen als oberflächlich mit vielen verschiedenen zu befassen. In den fast 250 Briefen, die er hinterlassen hat, schrieb Plinius übrigens selbst über vielerlei, widmete einen Brief aber immer einem ganz bestimmten Thema, sodass diese Briefe eine wertvolle Quelle über das Leben im alten Rom sind und kein Sammelsurium von oberflächlichem Geschwätz. Am bekanntesten ist Plinius' Brief über den Ausbruch des Vesuvs im Jahr 79, bei dem sein Onkel, der Gelehrte Plinius der Ältere, umkam.

Mumpsimus

Wir haben „megonnen"

Richard Pace (Paceus)
∗ um 1482 † 1536

Von dem britischen Diplomaten Richard Pace stammt folgende Anekdote: Ein Priester las aus seinem Messbuch nach der Kommunion immer folgendes Gebet: „Quod ore mumpsimus, Domine, pura mente capiamus (Was wir mit dem Mund mumpsimus, Herr, wollen wir mit dem Verstand aufnehmen)." Als ihn eines Tages jemand darauf aufmerksam machte, dass sein Buch einen Druckfehler haben müsse, dass es „sumpsimus (wir haben empfangen)" heißen müsse, erklärte er schroff, er habe immer „mumpsimus" gesagt und werde das auch weiterhin tun. „Er bleibt bei seinem Mumpsimus" heißt es deshalb bei so manchem Philologen, wenn jemand sich hartnäckig weigert, offensichtliche Fehler zu korrigieren.

Mundus vult decipi

Die Welt will getäuscht werden

nach Sebastian Brant
∗ um 1457 † 1521

Diese lateinische Redewendung beruht ausnahmsweise auf einem deutschen Sprichwort. In seiner Satire *Das Narrenschiff* schrieb der Humanist Sebastian Brant: „Die weltt die will betrogen syn." In *Paradoxa*, einem Werk des Publizisten Sebastian Franck (um 1499–1543) über widersprüchlich erscheinende Bibelstellen, taucht wenig später die lateinische Version des

Sebastian Brant

Spruches auf. Und der Arzt Paracelsus (1493–1541) erklärte mit den Worten „Mundus vult decipi, ergo decipiatur (Die Welt will getäuscht sein, also soll sie getäuscht werden)", dass derjenige, der auf ärztliche Scharlatanerie hereinfalle, selber schuld sei.

Mutabor

Ich werde mich verwandeln

Wilhelm Hauff
∗ 1802 † 1827

Wilhelm Hauff

In seinem Märchen *Kalif Storch* erzählt Wilhelm Hauff von Chasid, dem Kalifen von Bagdad, der eines Tages ein Pulver erwirbt, das es ihm ermöglicht, sich in ein Tier zu verwandeln. Er und sein Wesir verwandeln sich in Störche, vergessen aber das Zauberwort, um sich zurückzuverwandeln. Erst die in eine Nachteule verzauberte Prinzessin von Indien hilft ihnen, den Zauberer, der hinter all diesen Verwandlungen steckt, zu belauschen und das Zauberwort „Mutabor" zu erfahren. Aber eigentlich ist es kein Wunder, dass der Kalif es vergessen hat, denn trotz seines exotischen Klangs ist es nicht orientalisch, sondern lateinisch.

Natura non facit saltus

Die Natur macht keine Sprünge

Carl von Linné
∗ 1707 † 1778

Gemeinhin schreibt man die Entdeckung der Evolution Charles Darwin (1809–82) zu. Aber wirklich neu war die Vorstellung, dass sich die Natur durch kontinuierliche Prozesse verändert, nicht. Sie geht schon auf die griechischen Naturphilosophen zurück. Aristoteles drückte den Gedanken, dass die Natur keine Sprünge mache, sondern sich im fließenden Übergang verändere, in seinen Werken über das Tierreich *Historia animalium* und *De partibus animalium* aus. Danach findet man ähnliche Wendungen bei vielen Forschern wie z. B. Isaac Newton (1643–1727) oder Gottfried Wilhelm Leibniz (1646–1716). Populär wurde der Gedanke aber in der knappen Formulierung des schwedischen Botanikers Linné.

Carl von Linné

Navigare necesse est, vivere non est necesse

Zur See zu fahren ist notwendig, Leben ist nicht notwendig

Gnaeus Pompeius Magnus
∗ 106 † 48 v. Chr.

Im Jahr 56 v. Chr., so weiß der griechische Historiker Plutarch (um 45–125) zu berichten, soll in Rom das Getreide knapp geworden sein. Heftige Unwetter machten Fahrten nach Nordafrika, wo normalerweise Nachschub organisiert werden konnte, lebensgefährlich. In dieser Situation soll der Feldherr Pompeius persönlich eine Überfahrt organisiert und mit den obigen Worten als Erster das Schiff bestiegen haben. Es ging Pompeius also um eine konkrete Fahrt, nicht um ein leidenschaftliches Bekenntnis zur Seefahrt, als das seine Worte später verwendet wurden. Die deutsche Variante „Seefahrt tut Not“ wurde vor allem durch den gleichnamigen Roman des Schriftstellers Gorch Fock (Johann Wilhelm Kinau, 1880–1916) über die Hamburger Hochseefischer populär.

Naviget Anticyram

Er soll nach Anticyra fahren

Horaz
(Quintus Horatius Flaccus)
∗ 65 † 8 v. Chr.

Mit diesen Worten drückte der römische Dichter Horaz in seinen Satiren aus, dass ein Mensch wahnsinnig – in heutigen Worten „reif fürs Irrenhaus“ – war. Der Hintergrund: Man glaubte damals, dass Melancholie und als Steigerung derselben auch der Wahnsinn durch zu viel schwarze Galle (atra bilis) verursacht würden. Dagegen aber, so die allgemeine Überzeugung, würde am ehesten die giftige Nieswurz helfen. Diese Pflanze war vor allem in Anticyra am Golf von Maliakos in Mittelgriechenland zu finden.

Ne bis in idem

Nicht zweimal in derselben Sache

Demosthenes
∗ 384 † 322 v. Chr.

Diese juristische Redewendung bedeutet, dass es gegen ein Vergehen, das schon einmal vor Gericht verhandelt wurde, kein zweites Verfahren geben darf. Sie taucht zum ersten Mal in einer Rede von Demosthenes auf. Auch im deutschen Recht kann niemand wegen eines Vergehens zweimal angeklagt werden. Es gibt jedoch Möglichkeiten, in bestimmten Fällen ein Verfahren wiederaufzunehmen. In den USA kann ein Verbrecher, der von einem Geschworenengericht freigesprochen wurde, die Tat hinterher sogar zugeben, ohne dass man ihm noch einmal den Prozess machen kann.

Demosthenes

Ne quid nimis!

Nichts im Übermaß!

Terenz (Publius Terentius Afer)
∗ um 195 † um 159 v. Chr.

Auf Lateinisch findet sich dieser Satz zum ersten Mal in Terenz’ Komödie *Andria* (Das Mädchen aus Andros). Der Freigelassene Sosia rühmt mit diesen Worten Pamphilus, den Sohn seines Herrn. Die eigentliche Quelle aber ist die griechische Wendung „Meden agan“, die im Apollontempel von Delphi die Besucher des Orakels begrüßte. Platon (427–347 v. Chr.) behauptet, die Sieben Weisen (Solon von Athen, Chilon von Sparta, Thales von Milet, Bias von Priene, Kleobulos von Lindos, Pittakos von Mytilene und Myson von Chenai) hätten diesen Spruch gemeinschaftlich für das Heiligtum geschaffen. In anderen Quellen wird er Solon alleine zugeschrieben. Antike Autoren wie Cicero, Seneca und später der heilige Augustinus beziehen sich in ihren Schriften immer wieder auf diese Warnung.

Nec laudibus nec timore

Weder durch Lob noch durch Furcht

Clemens August von Galen
∗ 1878 † 1946

Clemens August von Galen

Diesen Wappenspruch legte sich der spätere Widerstandskämpfer und Kardinal von Galen zu, als er 1933 zum Bischof geweiht wurde. Es handelt sich dabei um ein Versprechen aus dem Weiheritus, in dem der Kandidat versichert, sich weder durch Menschenlob noch durch Menschenfurcht beeinflussen zu lassen. Clemens Graf von Galen ließ sich dann tatsächlich nicht von den Nationalsozialisten beeinflussen, sondern widersetzte sich immer wieder und erreichte 1941, dass das Euthanasieprogramm der Nazis zumindest offiziell gestoppt wurde.

Nec pluribus impar

Auch Vielen gewachsen

Ludwig XIV. von Frankreich
∗ 1638 † 1715

Ludwig XIV.

„Auch nicht Vielen ungleich“ bedeutet diese Devise wörtlich, sollte aber ausdrücken, dass der französische Sonnenkönig sich jeder Übermacht von Gegnern gewachsen fühlte. Wahrscheinlich hatte er damit vor allem die vielen deutschen Fürsten im Auge, die er mit seiner aggressiven Außenpolitik herausforderte. Am Ende konnte eine europäische Koalition Ludwig XIV. zwar nicht besiegen, aber immerhin seinen Eroberungen einen Riegel vorschieben. Die Devise war Wahlspruch der französischen Könige, bis diese dann in der Französischen Revolution der Vielzahl ihrer unzufriedenen Untertanen nicht mehr gewachsen waren.

Nec soli cedit

Er weicht der Sonne nicht

Friedrich Wilhelm I. von Brandenburg-Preußen
∗ 1688 † 1740

Friedrich Wilhelm I.

Dieses Motto soll sich der preußische König Friedrich Wilhelm I. bewusst als Antwort auf die französische Devise „Nec pluribus impar“ zugelegt haben. Mit der Sonne war der Sonnenkönig Ludwig XIV. (1638–1715) gemeint, der jedoch schon zwei Jahre nach Friedrich Wilhelms Regierungsantritt starb. Er, der laut dem Sprichwort nicht weicht, ist der Wappenadler, wobei die Frage ist, ob Friedrich Wilhelm den roten brandenburgischen oder den schwarzen preußischen meinte. Preußen war zwar Königtum, aber das wichtigere Herrschaftsgebiet der Hohenzollern war das Kurfürstentum Brandenburg. Im Übrigen machte Friedrich Wilhelm I. die brandenburgisch-preußische Armee zur besten Europas, führte jedoch weder gegen Frankreich noch gegen sonst jemanden Krieg damit.

Nec temere nec timide

Weder unbesonnen noch ängstlich

nach Augustinus von Hippo
* 354 † 430

Diese Devise geht auf eine Stelle in den Briefen des heiligen Augustinus zurück. Sie ist der Wahlspruch der Stadt Danzig. Aber auch der englische König Wilhelm IV. (1765–1837) erkor sie zu seinem Wappenspruch. Der schwedische König Gustav II. Adolf (1594–1632) hatte die ganz ähnliche Devise „Nihil temere, nihil timide (Nichts unbesonnen, nichts furchtsam [tun])".

Nemo iudex in causa sua

Niemand ist Richter in eigener Sache

Juristische Regel

Die Regel „Iudex in causa sua aut liberorum seu suorum familiarium quis regulariter esse non potest (Richter in eigener Sache oder in der seiner Kinder oder Familienangehörigen kann nach Recht und Gesetz keiner sein)" galt schon im alten Rom. Niedergeschrieben wurde sie in einer spätantiken Rechtsquelle, der *Consultatio veteris cuiusdam iurisconsulti* (Beratung gewisser alter Rechtsberater).

Nemo ante mortem beatus est

Niemand ist vor dem Tod glücklich

Solon von Athen
* um 640 † um 560 v. Chr.

Eines Tages, so erzählt der griechische Geschichtsschreiber Herodot (um 484–424 v. Chr.), habe der Gesetzgeber Solon von Athen den reichen Lyderkönig Krösus (um 595–546 v. Chr.) mit diesen Worten ermahnt. Solange ein Mensch am Leben sei, könne man kein abschließendes Urteil fällen, ob sein Leben glücklich sei; höchstens könne man sagen, er habe bislang Glück gehabt. Krösus jedenfalls zerstörte mit einem Angriff gegen den Perserkönig Kyros II. (601–530 v. Chr.) sein eigenes Reich in Anatolien. Der römische Dichter Ovid (43 v. Chr.–um 18 n. Chr.) zitiert die Warnung des Solon in seinen *Metamorphosen* in einer Episode über Kadmos, den Gründer Thebens, der nach der Gründung der Stadt und der Hochzeit mit der Göttertochter Harmonia der glücklichste Mensch zu sein schien, später aber mit vielen familiären und politischen Problemen konfrontiert wurde.

Nervus rerum

Der Nerv der Dinge

Demosthenes
* 384 † 322 v. Chr.

Demosthenes

Mit dieser Umschreibung soll der griechische Redner Demosthenes oft und gerne das Geld bezeichnet haben. Wobei die damalige Medizin über die Bedeutung der Nerven noch nicht informiert war und das lateinische Wort „nervus" damals für Sehne stand. Das Geld war in diesem Sinne also die Sache, die den Dingen Spannkraft und Dynamik verlieh. Ob Demosthenes den Ausdruck jedoch erfand, ist zweifelhaft, denn auch die etwas jüngeren Philosophen Krantor († um 275) und Bion von Borysthenes (um 325–250 v. Chr.) werden mit diesem Ausdruck zitiert. Auch in Ciceros Schriften findet er sich mehrmals.

Nihil obstat

Es steht nichts entgegen

Fachausdruck

„Nihil obstat" des New Yorker Erzbischofs

Mit diesem Vermerk gab früher ein Zensor seine Erlaubnis, dass ein Schriftstück gedruckt werden durfte. Bei theologischen Werken der Katholischen Kirche war es bis zum Zweiten Vatikanischen Konzil (1962–65) Vorschrift, dass das Werk durch den jeweiligen Bischof genehmigt werden musste. Das „Nihil obstat" wurde groß und auffällig vorne in das Buch gedruckt. Auch heute noch kann sich ein katholischer Autor, wenn er will, das „Nihil obstat" für sein Werk verleihen lassen und damit den Lesern anzeigen, dass die Veröffentlichung den Segen des Bischofs hat.

Nil admirari

Nichts bewundern

Horaz (Quintus Horatius Flaccus)
∗ 65 † 8 v. Chr.

Diesen Rat gab der Dichter Horaz seinem Freund Numicius. Er sagte sogar, nichts zu bewundern, wäre der einzige Weg, glücklich zu werden und glücklich zu bleiben. Damit drückt er den Kern der stoischen Philosophie aus, die Gelassenheit gegenüber allen Dingen fordert. In dem Brief an Numicius prangert Horaz vor allem Sensations- und Besitzgier an. „Nil admirari" bedeutet also sich von nichts vereinnahmen und gefangen nehmen zu lassen, weder von anderen Menschen noch von der eigenen Begierde nach schönen Dingen und aufregenden Erlebnissen noch von unerklärlichen Phänomenen.

Nil est tertium

Ein Drittes gibt es nicht

Publilius Syrus 1. Jh. v. Chr.

„Aut amat aut odit mulier; nil est tertium (Entweder liebt eine Frau oder sie hasst; ein Drittes gibt es nicht"), behauptet Publilius Syrus in seiner Sprüchesammlung und setzte damit ein noch heute anzutreffendes Vorurteil in die Welt. Daneben wurde „Nil est tertium" oder „Tertium non datur (Ein Drittes wird nicht gegeben)" zu einer gängigen Formel in der Logik, wo es um konkretere Dinge geht als um männliche Ansichten von angeblichen weiblichen Gefühlen. Der Satz vom ausgeschlossenen Dritten besagt, dass von zwei einander widersprechenden Gegensätzen mindestens einer zutreffen muss. Wollte man Publilius' Behauptung dieser Logik unterwerfen, dann müssten die Alternativen entweder „Frau liebt – Frau liebt nicht" oder „Frau hasst – Frau hasst nicht" heißen und die Grenze zwischen lieben/nicht lieben bzw. hassen/nicht hassen glasklar definiert sein.

Nil nocere

Nicht schaden

Hippokrates von Kos
∗ um 460 † um 370 v. Chr.

Der berühmte Arzt Hippokrates ermahnte seine Schüler dazu, nicht nur zu versuchen, ihren Patienten zu helfen, sondern auch gleich-

Platon, Hippokrates und Dioscurus

zeitig sorgfältig darauf zu achten, dass sie dabei niemandem schadeten. Hilfe um jeden Preis ist also nicht gefragt. Stattdessen gilt es, auch die Nebenwirkungen im Auge zu behalten. Diese Vorsicht bei den verschiedensten Aktionen wird mit der Redewendung „Nil nocere“ angemahnt.

Nolens volens

Nicht wollend wollend

Augustinus von Hippo
*** 354 † 430**

Wer etwas „nolens volens“ tut, der hat im Grunde keine Chance, sich zu weigern. Zwar will er nicht wirklich, doch alles andere will er noch weniger. Das Wortspiel mit „wollen“ und „nicht wollen“ war bei antiken Autoren äußerst beliebt. In Ciceros *De natura deorum* (Über das Wesen der Götter) findet man: „Velim nolim (Ob ich will oder nicht)“, bei Martial „Velis nolis (Du willst, willst nicht)“, bei Terenz „velit, nolit (Er will, will nicht)“. Die Wendung „nolens volens“ findet sich schließlich mehrmals in den Briefen des heiligen Augustinus.

Augustinus von Hippo. Gemälde von Michael Pacher

Noli me tangere!

Rühr mich nicht an!

Jesus von Nazareth
*** um 7 v. Chr. † um 30 n. Chr.**

Nolimetangere ist ein Beiname des Großen Springkrautes, dessen Samenkapseln bei der leichtesten Berührung explodieren. Nach diesem Kraut nennt man sehr empfindliche Menschen auch gerne Blümchen Rührmichnichtan. Der Name geht auf das *Johannes-Evangelium* zurück. Dort wird geschildert, wie Jesus nach seinem Tod seiner Jüngerin Maria Magdalena am leeren Grab erscheint. Seine Worte „Me mou haptou“ an Maria wurden in der lateinischen Bibelübersetzung mit „Noli me tangere“ wiedergegeben, sie bedeuten streng genommen aber eher „Hänge dich nicht an mich!“ Ein „Berührungsverbot“ wäre auch deshalb merkwürdig, weil Jesus wenig später den „ungläubigen Thomas“ ausdrücklich auffordert, seine Finger in seine Wunden zu legen. „Noli me tangere“ wurde aber zu einer Art Schlagzeile für die Begegnung zwischen Jesus und Maria und ist Titel vieler Bilder, die die Szene darstellen.

Tizian: *Noli me tangere*

Noli timere

Fürchte nicht

Lucius Annaeus Seneca der Jüngere
∗ um 4 v. Chr. † 65 n. Chr.

Dies schreibt der Philosoph Seneca seinem Briefpartner Lucilius. Aber ausnahmsweise geht es um eine profane Angelegenheit. Seneca hat nach einem Besuch auf seinem Landgut, das schon verfällt, obwohl er es selbst hatte erbauen lassen, über sein eigenes Alter nachgedacht und will nun Lucilius' mögliche Bedenken zerstreuen, der Brief könne nichts für ihn enthalten. Seneca legt seinem Freund dann ein Sprichwort des griechischen Philosophen Epikur ans Herz: „Malum est in necessitate vivere, sed in necessitate vivere necessitas nulla est (Schlecht ist es, in der Notwendigkeit zu leben, aber in der Notwendigkeit zu leben ist nicht notwendig)." Epikur lehrte nämlich, man solle alle seine Bedürfnisse erfüllen, dafür aber möglichst wenige haben. „Noli timere" würde als Schlagwort auch zu seiner Lehre passen, denn Furcht, gar Furcht vor dem Tod, gehörte nach Epikurs Meinung zu den überflüssigsten Dingen, mit denen ein Mensch sich belasten konnte.

Noli turbare circulos meos!

Störe meine Kreise nicht!

Archimedes
∗ um 287 † 212 v. Chr.

Dies, beziehungsweise natürlich die griechische Version „Me mou tous kyklous taratte!", sollen die letzten Worte des berühmten Mathematikers und Erfinders Archimedes von Syrakus gewesen sein. Eine römische Anekdote erzählt, dass der Forscher geometrische Figuren in den Sand gezeichnet habe, während seine Heimatstadt im Jahr 212 v. Chr. gerade von den Römern erobert wurde. Archimedes herrschte angeblich einen römischen Soldaten mit diesen Worten an, worauf dieser ihn prompt erschlug. Sicher ist, dass das Genie bei diesem Angriff umkam.

Archimedes

Nomen est omen

Der Name ist eine Weissagung

Titus Maccius Plautus
∗ um 254 v. Chr. † um 184 v. Chr.

So witzelt man gerne über allzu bedeutungsschwere Namen. Ob sie sich wohl bewahrheiten? In Rom wurde der Spruch durch eine Komödie von Plautus, *Die Perser*, zum geflügelten Wort. In dem Stück wollen zwei Sklaven einen reichen Verwalter betrügen und versuchen, ihm eine Sklavin zu verkaufen. Diese heißt angeblich Lukris (Gewinn). „Nomen atque omen quantivis iam est preti (Der Name und seine Vorbedeutung sind schon jeden Preis wert)", versuchen die beiden den Käufer zu überreden.

Non degenerabo

Ich werde nicht entarten

Theo Waigel
∗ 1939.

Diese lateinischen Worte erklärte der CSU-Politiker und frühere Bundesfinanzminister immer wieder zu seiner Devise. „Das heißt: Ich werde nicht aus der Art schlagen, und ich lasse

Theo Waigel

mich nicht verbiegen", erklärte er die Wahl dieses Mottos. In der Alltagssprache ist jedoch nur das abgeleitete deutsche Wort „degenerieren" üblich, das eine „Entartung" im Sinne eines Verfalles umschreibt.

Non liquet

Es ist nicht klar

nach Marcus Tullius Cicero
∗ 106 † 43 v. Chr.

Die römischen Richter, so ist es in Ciceros Verteidigungsrede für einen gewissen Aulus Cluentius Habitus nachzulesen, urteilten mithilfe von Stimmtäfelchen über den Angeklagten. Ein A stand für „absolvo (Ich spreche frei)", ein C für „condemno (Ich spreche schuldig)" und ein NL schließlich für „non liquet (es ist nicht klar)", also für eine Stimmenthaltung. Der lateinische Begriff wird auch heute noch im Recht gebraucht, wenn Dinge sich aufgrund fehlender Beweise einer Beurteilung entziehen.

Non plus ultra

Nicht darüber hinaus

Pindar
∗ um 522 † um 445 v. Chr.

Ein Gedicht des Odendichters Pindar erzählt erstmals die Sage, dass der Halbgott Herakles an der Meerenge von Gibraltar Säulen aufgestellt haben soll, die jeden Seefahrer warnten, nicht über diesen Punkt hinaus zu fahren. In der Antike hieß „non plus ultra" also eher „bis hierher und nicht weiter", anstatt wie heute einen Superlativ, „das Non plus ultra", zu umschreiben. Kaiser Karl V. (1500–58), der von seinen spanischen Großeltern auch die neu entdeckten Kolonien in Amerika erbte, führte deshalb den Wahlspruch „Plus ultra (darüber hinaus)".

Pindar

Non possumus

Wir können nicht

Clemens VII. (Giulio de Medici)
∗ 1478 † 1534

Diese Antwort gab Papst Clemens VII. dem englischen König Heinrich VIII. (1491–1547), als dieser von seiner ersten Ehefrau Katharina von Aragon (1485–1536) kirchlich geschieden werden wollte. Heinrich gründete daraufhin die Staatskirche von England (Anglikanische Kirche). Die Antwort des Papstes lehnt sich an eine Stelle in der biblischen *Apostelgeschichte* an. Diese berichtet, dass die Verkündigung der Jünger Jesu über dessen Auferstehung in Jerusalem auf viel Ablehnung stieß. Petrus und Johannes wurden deshalb vor den Hohen Rat (Sanhedrin) zitiert, der oberstes religiöses und politisches Gremium der Juden war. Dieser untersagte ihnen, weiter in Jesu Namen zu predigen und Wunder zu tun. Die Apostel aber erwiderten, angesichts dessen, was sie gesehen und gehört hätten, könnten sie nicht reden (non enim possumus nos, quae vidimus et audivimus, non loqui). Später wurde „Non possumus" dann zur Standardantwort der Päpste, wenn etwas von ihnen gefordert wurde, das kirchenrechtlich nicht möglich war.

Non scholae sed vitae discimus

Nicht für die Schule, sondern fürs Leben lernen wir

nach Lucius Annaeus Seneca
dem Jüngeren
∗ um 4 v. Chr. † 65 n. Chr.

Eigentlich hat Seneca in einem seiner Briefe an seinen Freund Lucilius das genaue Gegenteil behauptet: „Non vitae sed scolae discimus.“ Er formulierte diesen Satz als Bestandsaufnahme des römischen Bildungswesens seiner Zeit, war aber der Meinung, dass es eigentlich umgekehrt sein müsste, dass man nämlich für das Leben lernen sollte. Insofern ist das Umdrehen des Satzes keine Verfälschung.

Non semper Saturnalia erunt

Es sind nicht immer Saturnalien

Lucius Annaeus Seneca der Jüngere
∗ um 4 v. Chr. † 65 n. Chr.

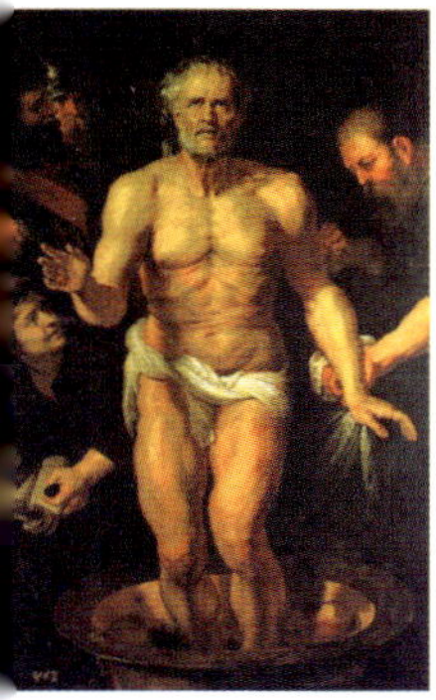

ter Paul Rubens: *Tod des Seneca*

Die Saturnalien zu Ehren des Erntegottes Saturn waren eines der populärsten Feste im alten Rom. Sie wurden Mitte Dezember gefeiert und im Laufe der Zeit immer länger ausgedehnt. Bei den Saturnalien wurden alle Standesunterschiede aufgehoben, später sogar umgekehrt. Herren bedienten ihre Sklaven, Eltern ihre Kinder. Es wurde ein Saturnalienfürst, der „rex bibendi (König des Trinkens)“, gewählt, das Würfelspiel um Geld freigegeben und kostenlose Speisungen durchgeführt. Öffentliche Einrichtungen blieben geschlossen, die Politik ruhte. In seiner Spottschrift auf den Kaiser Claudius (um 10 v. Chr.–54 n. Chr.), der *Apocolocyntosis*, lässt Seneca bei dessen Begräbnis die Winkeladvokaten klagen, dass für sie nun die Saturnalien, also die ungeordneten Zustände, die ihnen ein Leben in Saus und Braus ermöglicht hatten, vorbei seien.

Non sum, qualis eram

Ich bin nicht der, der ich war

Horaz (Quintus Horatius Flaccus)
∗ 65 † 8 v. Chr.

So klagt Horaz in einem Gedicht, das er im Alter von rund 60 Jahren an die Liebesgöttin Venus schrieb. Er fühlt sich von der Liebe gepackt, möchte sich aber auf nichts mehr einlassen: „Intermissa, Venus, diu rursus bella moves? Parce, precor precor. Non sum qualis eram bonae sub regno Cinarae (Venus, erregst du wiederum lange unterbrochene Kriege? Schone mich, Gnade, Gnade. Ich bin nicht mehr, der ich war unter der Herrschaft der guten Cinara).“ Cinara, so lässt sich anderen Gedichten des Horaz entnehmen, scheint eine frühere Geliebte gewesen zu sein, die jung gestorben ist.

Non valet lotium suum

Er ist seinen eigenen Urin nicht wert

Titus Petronius
∗ um 14 † 66

Mit diesen Worten beschimpft ein freigelassener Sklave in Petronius' Roman *Satyricon* auf einem Gelage einen anderen Mann, von dem er glaubt, dass er ihn auslacht. In Übersetzungen wird das oft beschönigt, etwa als „ein Kerl, der

Illustration zu Petronius' Roman *Satyricon*

den Bissen Brot nicht wert ist, den er isst" oder „keinen Pfifferling wert ist". Petronius aber wollte in seiner Satire gerade den Jähzorn und die Gossensprache der Neureichen vorführen, die beim kleinsten Anlass durchbricht.

Nosce te ipsum

Erkenne dich selbst

nach der Inschrift am Apollontempel in Delphi

Die griechische Fassung dieses Spruches „Gnothi seauton" ist einer der wichtigsten und berühmtesten Weisheitssprüche der Antike, mit dem sich viele namhafte Philosophen beschäftigten. Mit dieser Aufforderung wurden schon die Besucher des berühmten Orakels von Delphi in der Vorhalle empfangen. Als Urheber werden in der Literatur wahlweise der Staatsmann Solon von Athen (um 640–560 v. Chr.), der Politiker Chilon von Sparta (6 Jh. v. Chr.) und der Mathematiker Thales von Milet (um 624–546 v. Chr.) genannt. Allen gemein ist, dass

Reste des Appolontempels in Delphi

sie zu den sogenannten Sieben Weisen gezählt werden.

Nota bene

Merke wohl

Lehnwort

Wer in einem Text oder in einer Rede einen Satz mit „notabene" einleitet, der möchte, dass seine Leser oder Zuhörer auf das Folgende besonders achten. Es wird oftmals verwendet, wenn es sich eigentlich um einen Nebenaspekt des Themas handelt, den nicht jeder sofort als wichtig oder bemerkenswert erkennt. In dem Gedicht *Das Notabene* von Klabund (1890–1928) folgt auf jede Zeile ein Notabene, das eigentlich eine Einschränkung darstellt, etwa: „Ach, das Leben lebt sich lyrisch. Notabene: wenn man jung ist." Man stößt oft auch auf einen falschen Gebrauch dieser Floskel, etwa im Sinn von „zwangsläufig", „natürlich" oder „notorisch."

Novus ordo seclorum

Eine neue Ordnung der Zeitalter

Charles Thomson
* 1729 † 1824

Diese Devise nahm der Schriftsteller und Politiker Charles Thompson 1782 in das Staatssiegel der USA auf, das er gestaltete. Sie ist einem Gedicht Vergils entlehnt, wo ebenfalls von einem neuen Beginn der Reihenfolge der Zeitalter die Rede ist. Thomson wollte damit ausdrücken, dass mit der Gründung der USA die Geschichte für die US-Amerikaner quasi von Neuem beginnt. Daneben ist auf dem Siegel zu lesen: „Annuit coeptis (Er [Gott] hat das Begonnene gesegnet)."

Nuda veritas

Die nackte Wahrheit

Horaz (Quintus Horatius Flaccus)
∗ 65 † 8 v. Chr.

Horaz meint wohl eher ungeschminkte Wahrheitsliebe, die er neben Ehrgefühl und einer nicht korrumpierbaren Treue zu seinem verstorbenen Freund Quintilius Varus (um 70–23 v. Chr.) in einer seiner Oden rühmt. Das Gedicht richtet sich an seinen Kollegen Vergil (um 70–19 v. Chr.), der anscheinend unmäßig um den Toten trauerte.

Nulla dies sine linea

Kein Tag ohne Linie

nach Apelles
4. Jh. v. Chr.

Der römische Gelehrte Plinius der Ältere (23–79) berichtet, dass der berühmte griechische Maler Apelles die Maxime gehabt habe, sich jeden Tag in seiner Kunst zu üben, und sei es nur, um eine einzige Linie zu ziehen. Die Redewendung steht also für Disziplin, Fleiß und konsequentes, tägliches Üben. Von Apelles Werk ist jedoch nicht einmal eine einzige Linie geblieben, sondern nur enthusiastische Beschreibungen in den Schriften antiker Autoren.

ro Botticelli: *Die Verleumdung des Apelles*

Nulla poena sine lege

Keine Strafe ohne Gesetz

Domitius Ulpianus
∗ um 170 † 223

Die früheste Erwähnung des Grundsatzes, dass kein Vergehen bestraft werden kann, wenn es kein Gesetz gibt, welches solches Tun ausdrücklich verbietet, findet sich bei dem antiken Juristen Ulpian. 1801 hielt dann Paul Johann Anselm Ritter von Feuerbach (1775–1833) diesen Grundsatz in seinem *Lehrbuch des gemeinen, in Deutschland geltenden peinlichen Rechts* fest. 1813 verdeutlichte er im Bayerischen Strafgesetzbuch: „Nullum crimen, nulla poena sine praevia lege poenali (Kein Verbrechen, keine Strafe ohne vorher erlassenes Gesetz)."

Numerus clausus

Geschlossene Anzahl

Fachausdruck

Der Ausdruck ist vor allem bei der Vergabe von Studienplätzen gebräuchlich. Wenn die Anzahl der Bewerber für einen Studiengang die Kapazitäten der Hochschule überschreitet, kann diese Zugangsbeschränkungen erlassen und nur eine bestimmte Anzahl an Studienplätzen vergeben. Das entscheidende Kriterium ist dabei meist die Abiturnote. Umgangssprachlich spricht man oft davon, dass der Numerus clausus für einen bestimmten Studiengang beispielsweise bei 1,3 liegt. Genau genommen ist der Notendurchschnitt von 1,3 aber nur das Instrument, um einen Numerus clausus, eine beschränkte Anzahl von Studienanfängern, zu garantieren.

Nunc dimittis...

Nun lässt du scheiden...

Simeon
1. Jh. v. Chr.

Simeon-Schrein in Zadar

„... servum tuum, Domine, secundum verbum tuum in pace, quia viderunt oculi mei salutare tuum, quod parasti ante faciem omnium populorum (Herr, deinen Knecht gemäß deinem Wort in Frieden, denn meine Augen haben dein Heil gesehen, das du vor dem Angesicht aller Völker bereitet hast)." Diese Worte, so erzählt das *Lukas-Evangelium*, habe ein greiser Prophet namens Simeon gesprochen, als er den neugeborenen Jesus, anlässlich des traditionellen Reinigungsopfers seiner Eltern im Tempel, erblickte. Das *Nunc dimittis* ist einer der wichtigsten Lobgesänge der christlichen Liturgie, der u. a. fester Bestandteil des Nachtgebetes (Komplet) vieler Mönchsorden ist.

Nunc est bibendum!

Jetzt muss getrunken werden!

Horaz (Quintus Horatius Flaccus)
∗ 65 † 8 v. Chr.

Diesen Toast flocht der römische Dichter Horaz in eine seiner Oden ein, in der er den Sieg des Gaius Octavius (63 v. Chr.–14 n. Chr.), des späteren Kaisers Augustus, in der Seeschlacht bei Actium (2. September 31 v. Chr.) über seine Gegenspieler Marcus Antonius (um 83–30 v. Chr.) und die ägyptische Königin Kleopatra (um 69–30 v. Chr.) feierte. Mit diesem Sieg wurde Ägypten Teil des römischen Reiches und Gaius Octavius unangefochten der starke Mann in Rom. Vier Jahre später übertrug ihm der Senat alle Herrschaftsrechte und den Ehrentitel „Augustus (Der Erhabene)". Dies gilt als Beginn der römischen Kaiserzeit.

O dulce nomen libertatis

O süßer Name der Freiheit

Marcus Tullius Cicero
∗ 106 † 43 v. Chr.

Im Jahr 70 v. Chr. wurde in Rom der überaus korrupte Statthalter von Sizilien, Gaius Verres (um 115–43 v. Chr.), angeklagt. Verres hatte einflussreiche Freunde und Hortalus (114–50 v. Chr.), den besten Redner Roms, als Verteidiger. Doch als Ankläger trat ein noch recht unbekannter Politiker namens Cicero auf, der dermaßen vom Leder zog und so viele Beweise für Verres' Missmanagement anführte, dass seine Unterstützer dem Angeklagten nur raten konnten, schleunigst das Land zu verlassen. Cicero löste mit diesem Prozess Hortalus als angesehensten Anwalt Roms ab. Da er nur eine erste Rede gegen Verres hatte halten können, veröffentlichte er sein übriges Material in fünf Büchern. Verres bekam weder die Beschwörung der süßen Freiheit noch die anderer altrömischer Werte live mit.

O matre pulchra filia pulchrior

Oh, einer schönen Mutter schönere Tochter

Horaz
(Quintus Horatius Flaccus)
∗ 65 † 8 v. Chr.

Mit diesen schmeichelnden Worten beginnt Horaz eine Ode, die offenbar an eine Frau gerichtet ist, die er mit einem Gedicht bitterlich gekränkt hat. Jedenfalls bemüht Horaz im Folgenden dann diverse Beispiele aus der Mythologie, wo Jähzorn ins Verderben geführt hat, bevor er die einstige Freundin bittet, ihren Zorn zu begraben und sich wieder mit ihm zu versöhnen.

O mentes amentes!

Oh wahnsinnige Geister!

Augustinus von Hippo
* 354 † 430

Augustinus (Mitte)

Mit diesem Wortspiel, in dem das lateinische Wort „mens (Verstand, Bewusstsein, Denken)" mit dessen Gegenteil amens (ohne Verstand ...)" kombiniert wird, wendet sich der heilige Augustinus in seinem Hauptwerk *De Civitate Dei* (Vom Gottesstaat) an die Römer, denen er unterstellt, nur an Theater und Vergnügen zu denken, während ihr Reich zerfällt.

O quae mutatio rerum

O welche Veränderung der Dinge

Eugen Höfling
* 1808 † 1880

„O jerum, jerum, jerum, o quae mutatio rerum", so lautet der Refrain eines früher sehr populären Studentenliedes mit dem Titel *Oh du alte Burschenherrlichkeit*. In dem Lied blickt der Verfasser wehmütig auf sein Studentenleben und dabei vor allem auf die Rituale in seiner Burschenschaft zurück. Es gehört auch heute noch zum festen Liedrepertoire vieler Studentenverbindungen, die damit Zeiten feiern, in denen das Burschentum im Studentenleben die Regel, nicht die Ausnahme war. Verfasser soll ein Marburger Arzt namens Eugen Höfling sein, was aber von vielen Seiten bezweifelt wird, seit ein Druck des Lieds aus dem Jahr 1825 aufgetaucht ist.

O saeculum insapiens et infacetum

Oh geistloses und witzloses Jahrhundert

Catull
(Gaius Valerius Catullus)
1. Jh. v. Chr.

Dieses Verdikt spricht Catull in einem Schmähgedicht auf eine ungenannte Frau aus, die allgemein als schön gepriesen und sogar mit seiner Geliebten Lesbia verglichen wird, was Catull überhaupt nicht verstehen kann. Er bescheinigt der Schönen ein „Mädchen mit nicht geringer Nase, keinem schönen Fuß und keinen schwarzen Augen (nec minimo puella naso nec bello pede nec nigris ocellis)" usw. zu sein.

O tempora, o mores!

O Zeiten, o Sitten!

Marcus Tullius Cicero
* 106 † 43 v. Chr.

Dieser beliebte Klageruf auf den Verfall der Sitten, die früher angeblich viel besser gewesen sind, ist dem römischen Redner Cicero zu verdanken. Er flocht ihn gerne in seine Reden ein, so z. B. am 8. November 63 v. Chr. in seiner ersten Rede gegen Lucius Sergius Catilina (108–62 v. Chr.). Cicero hatte allerdings wirklich Grund zur Klage, denn Catilina hatte erst am Tag zuvor versucht, ihn ermorden zu lassen. Mit seiner vehementen Rede brachte er die übrigen Senatoren dazu, von Catilina abzurücken. Der Verschwörer verließ noch am selben Tag die Stadt und kam später bei Kämpfen gegen römische Truppen in Gallien um.

Oderint, dum metuant

Mögen sie hassen, wenn sie nur fürchten

Lucius Accius
∗ um 170 † um 90 v. Chr.

Eines der Lieblingsthemen altgriechischer Schriftsteller war die verfluchte Familie der Tantaliden. Einer von ihnen, Atreus König von Mykene, soll die Kinder seines Bruders getötet, gekocht und diesem zum Essen vorgesetzt haben, weil der Bruder eine Affäre mit Atreus' Frau hatte. Ihm legte der Dichter Accius die Aussage „Mögen sie mich hassen, wenn sie mich nur fürchten“ in den Mund. Der Kaiserbiograf Sueton berichtet, es sei der Lieblingsspruch des geistig gestörten Kaisers Caligula (12–41) gewesen.

Schatzhaus des Atreus in Mykene

Odi et amo

Ich hasse und ich liebe

Catull (Gaius Valerius Catullus)
1. Jh. v. Chr.

So beginnt Catulls wohl berühmtestes Gedicht. Es geht weiter: „quare id faciam fortasse requiris? Nescio, sed fieri sentio et excrucior (Du möchtest vielleicht wissen, warum ich das tue? Ich weiß es nicht, doch ich spüre, dass es geschieht, und ich leide).“ Ein Großteil von Catulls Gedichten dreht sich um seine Liebe zu einer gewissen Lesbia, und wiederum ein Großteil davon beschreibt Qual und Unglück. Den Namen „Lesbia“ wählte Catull wahrscheinlich, weil er die Dichterin Sappho von Lesbos (um 620–570 v. Chr.) verehrte, nicht weil Lesbia nach heutigem Sprachgebrauch Lesbe war. Er beschreibt sie im Gegenteil als unersättliche Nymphomanin und notorisch untreu. Ob diese Lesbia ein reales Vorbild hatte und wer es war, ist Gegenstand vieler Spekulationen. Eine davon bezieht sich auf die berüchtigte Clodia, der man ein wildes Liebesleben inkl. Inzest mit ihrem Bruder Publius Clodius Pulcher (um 92–52 v. Chr.), einen Giftmord an ihrem Gatten und politische Intrigen nachsagte.

Oleum et operam perdidi

Öl und Mühen habe ich verschwendet

Titus Maccius Plautus
∗ um 254 † um 184 v. Chr.

So klagt in Plautus' Komödie *Poenulus* (Der Punier) eine Magd, die ihre Herrin mit viel Aufwand herausgeputzt hat. Später verwendete Cicero den Satz in einem seiner Briefe an seinen Freund Titus Pomponius Atticus (110–32 v. Chr.). Er sprach allerdings nicht von kosmetischen

Ölen, sondern vom Öl seiner Lampe, in deren Schein er vergeblich gearbeitet hatte. Damit machte er den Satz im Sinne von „Zeit und Mühen habe ich verschwendet" sprichwörtlich.

Omnia mea mecum porto

All das Meinige trage ich bei mir

Bias von Priene
∗ um 590 † um 530 v. Chr.

Dies, so erzählt Cicero (106–43 v. Chr.), habe der Richter Bias von Priene, einer der Sieben Weisen der griechischen Antike, geäußert, als er seine Heimatstadt verlassen musste und zur Verwunderung seiner Mitbürger nichts von seinem Besitz mitnahm. Seneca der Jüngere (um 4 v. Chr.–65 n. Chr.) überliefert jedoch einen ähnlichen Satz, der von dem Philosophen Stilpon (4. Jh. v. Chr.) stammen soll, und der Fabeldichter Phaedrus behauptet, diese Wendung stamme von dem Dichter Simonides von Keos (siehe: Homo doctus ...). Allen Versionen gemein ist, dass die Weisheit wohl aus dem antiken Griechenland stammt und bei den römischen Gelehrten sehr geschätzt wurde.

Omnia omnibus ubique

Alles für alle überall

Motto von Harrods

Diese lateinische Inschrift findet sich auf dem Gebäude des Kaufhauses Harrods in London und unterstreicht den Anspruch des Nobel-Warenhauses, dass hier jeder das findet, was er sucht. Dass nicht jeder alles zahlen kann, steht auf einem anderen Blatt. Besonders berühmt sind die Lebensmittelabteilung des 1834 gegründeten Kaufhauses und seine jährliche Weihnachtsausstellung. Seit 1985 gehört es dem ägyptischen Geschäftsmann Mohammed Al-Fayed (∗ 1933).

Kaufhaus Harrods in London

Omnia vincit Amor

Alles besiegt die Liebe

Vergil (Publius Vergilius Maro)
∗ 70 † 19 v. Chr.

„... et nos cedamus amori" (und wir beugen uns der Liebe)". So lautet das vollständige Zitat des römischen Dichters Vergil. Es beendet ein Hirtengedicht (Ekloge) über das Schicksal des Soldaten Gallus, der während seines Kriegsdienstes von seiner Geliebten Lykoris wegen eines anderen verlassen wird. Die Vorstellung, dass derjenige, der von den Pfeilen des Liebesgottes Amor getroffen wurde, der Liebe wehrlos ausgeliefert ist, war in der römischen Dichtung sehr verbreitet. Im späten Mittelalter erhoben viele Ritter und Minnesänger „Amor vincit omnia" zu ihrer Devise.

Omnium consensu

Mit dem Einverständnis aller

Gaius Julius Caesar
∗ 100 † 44 v. Chr.

Dieses Argument, dass er ja nur tue, was (nahezu) die ganze Öffentlichkeit wünsche, soll Caesar oft verwendet haben. Daneben ist die

Formulierung „ex consensu" gebräuchlich, die bedeutet, dass eine Verabredung getroffen wurde oder etwas mit der Einwilligung aller Beteiligten – im Konsens eben – geschieht.

Gaius Julius Caesar

Onus est honos

Würden sind Bürden

Marcus Terentius Varro
∗ 116 † 27 v. Chr.

Als bereits damals geflügeltes Wort erwähnt der Gelehrte Varro diesen Spruch in seinem Hauptwerk *De lingua latina* (Über die lateinische Sprache). Varro selbst galt als der größte Gelehrte seiner Zeit, nahm aber in seiner Jugend die Bürde öffentlicher Ämter auf sich. In den römischen Bürgerkriegen geriet er politisch auf die Seite der Verlierer, wurde aber später vom siegreichen Kaiser Augustus begnadigt und befasste sich in seinen letzten Lebensjahren nur noch mit seinen Studien.

Opus dei

Werk Gottes

Josemaria Escriva
∗ 1902 † 1975

„Praelatura Sanctae Crucis et Opus Dei (Prälatur vom heiligen Kreuz und Werk Gottes)" lautet der volle Name der katholischen Vereinigung, die der spanische Priester Escriva 1928 gründete. Ihr Ziel ist ein konsequent christliches Leben der Mitglieder im Alltag. Wegen seiner Geheimhaltungspraktiken, seiner sehr konservativen Ausrichtung, der stark hierarchischen Strukturen, die auf den Prälaten an der Spitze der Vereinigung zugeschnitten sind, und seiner früheren Nähe zum spanischen Diktator Francisco Franco (1892–1975) ist das „Opus Dei" umstritten.

Ora et labora!

Bete und arbeite!

Benedikt von Nursia
∗ um 480 † 547

Benedikt von Nursia

Unter diesem Motto gründete der heilige Benedikt von Nursia um 529 auf dem Monte Casino im italienischen Latium den „Ordo Sancti Benedicti", den Benediktinerorden. In den Regeln für den neuen Orden schrieb er: „Müßiggang ist der Seele Feind. Deshalb sollen die Brüder zu bestimmten Zeiten mit Handarbeit, zu bestimmten Stunden mit heiliger Lesung beschäftigt sein." Damit setzte sich Benedikt von älteren Orden ab, die sich nahezu ausschließlich dem Gebet und der Meditation widmeten (kontemplative Orden). Das Prinzip der Benediktiner prägte das abendländische Mönchstum. Auch die Mehrzahl der später entstandenen Orden sind „tätige" Orden.

Ora pro nobis

Bitte für uns

Gebetsformel

Dies oder „Misere nobis (Erbarme dich unser)" ist der traditionelle lateinische Antwortruf in Litaneien. Diese sind wechselseitige Bittgebete, in denen ein Vorbeter eine Bitte formuliert und das Volk antwortet. Eine typische Litanei ist z. B. die Allerheiligenlitanei, in der der Vorbeter Dutzende von Heiligennamen intoniert und das Volk jeden dieser Heiligen bittet, bei Gott Fürbitte einzulegen. Das lateinische Wort „orare" bedeutet jedoch auch noch beten. So lautet die in Gottesdiensten häufig vorkommende Formel „Lasset uns beten!" in der lateinischen Liturgie „Oremus".

Pacta sunt servanda

Verträge sind einzuhalten

nach Ulpian (Domitius Ulpianus)
∗ um 170 † 223

Dieser römische Rechtsgrundsatz wird noch heute oft zitiert und zwar meistens dann, wenn es sich nicht um einen förmlichen Vertrag handelt, sondern um einen mündlichen Pakt. Allerdings sind auch solche Abkommen heute einklagbar – sofern man beweisen kann, dass sie geschlossen wurden. In der römischen Antike dagegen war nur ein förmlich geschlossener Kontrakt vor Gericht etwas wert. Die älteste Erwähnung, dass auch mündliche Abkommen als verbindlich gelten, findet sich in den *Digesten* des *Codex iuris civilis* des byzantinischen Kaisers Justinian I. (um 482–565). Diese *Digesten* sind eine Sammlung älteren römischen Rechts, in denen der Gelehrte Ulpian mit der Devise zitiert wird, dass er mündliche Verträge (pacta) und Vereinbarungen (conventa) einhalte.

Justinian I. (Mitte)

Panem et circenses

Brot und Zirkusspiele

Juvenal
(Decimus Junius Juvenalis)
∗ um 60 † nach 127

Das mächtige Römische Reich hatte spätestens seit dem 2. Jh. v. Chr. ein gewaltiges soziales Problem: Der massenhafte Import von Sklaven aus den eroberten Gebieten führte zu einer Verelendung der freien Bauern und Arbeiter, die mit der billigen Sklavenarbeit nicht konkurrieren konnten. Deshalb wurde es zum politischen Schachzug, diese Unterschicht mit kostenlosem Getreide und ebenfalls kostenlosen Vorführungen in den Arenen ruhig zu stellen. Juvenal klagte darüber, dass immer mehr Menschen sich derart abspeisen ließen. „Nam qui dabat olim imperium, fasces, legiones, omnia, nunc se continet atque duas tantum res anxius optat, panem et circenses (Wer früher die Verwaltung, die Polizei, die Legionen, ja alles stellte, hält sich heute heraus und wünscht sich nichts sehnsüchtiger als Brot und Spiele."

Pars pro Toto

Ein Teil statt des Ganzen

Fachausdruck

Als Pars pro Toto bezeichnet man eine literarische Stilfigur, bei der ein Teil einer Sache als Synonym für das Ganze verwendet wird, z. B. wenn man vom Pro-Kopf-Einkommen spricht und mit dem Kopf eigentlich den ganzen Menschen meint. Als Begriff weniger bekannt, aber nicht seltener angewandt ist das „totum pro parte (das Ganze für einen Teil)", etwa, wenn man sagt, dass Deutschland Fußballweltmeister wurde, obwohl eigentlich nur die Damennationalmannschaft den Titel geholt hat.

Pater noster

Vater unser

Jesus von Nazareth
∗ um 7 v. Chr. † um 30 n. Chr.

Auferstehung aus dem *Isenheimer Altar* von Matthias Grünewald

Mit den Worten „Pater noster" beginnt das wichtigste christliche Gebet, das *Vaterunser*, in seiner lateinischen Fassung. Der Text stammt – so die Evangelien – weitgehend von Jesus selbst, der seinen Anhängern aufgetragen hat, mit diesen Worten zu beten. Der Paternoster-Aufzug, ein Aufzug mit fortlaufend aneinandergereihten Kabinen, hat seinen Namen von der Rosenkranz-Gebetskette, die man früher auch Paternoster-Schnur nannte, weil das *Vaterunser* Teil des Rosenkranzgebetes ist.

Patria potestas

Die väterliche Gewalt

Römischer Rechtsbegriff

In der römischen Antike hatte der „pater familias" die uneingeschränkte Verfügungsgewalt über alle Angehörigen seiner Familie. Die römische „familia" aber umfasste nicht nur seine Frau, seine Kinder, Schwiegertöchter und Enkel, sondern auch alle Dienstboten und die „clientes", Bedürftige, die sich unter seine Gewalt begeben hatten und dafür Schutz genossen. Diese Gewalt galt über Leben und Tod (vitae necisque), was aber in der Realität kaum eine Rolle spielte; am ehesten noch, wenn neugeborene Kinder ausgesetzt wurden. Mit der Zeit wurde diese absolute Verfügungsgewalt auch aufgeweicht. Trotzdem wurden Söhne erst nach dem Tod ihres Vaters mündig, Töchter dagegen nie, da sie bei der Heirat unter die Potestas ihres Mannes gerieten.

Patrimonium Petri

Erbe des Petrus

Fachausdruck

Als Erbgut des heiligen Petrus bezeichneten die Päpste den Besitz, den sie ab dem 4. Jh. von reichen Gönnern geschenkt bekamen. Im 6. Jh. gehörten die Oberhäupter der Kirche bereits zu den größten Grundherren in Italien. Als im 8. Jh. viele dieser Besitzungen verloren gingen, verbündeten sich die Päpste mit den Karolingern. Der fränkische Machthaber Pippin der Jüngere (714–768) eroberte die verloren gegan-

Pippin der Jüngere

gen Gebiete zurück und „schenkte" sie dem Papst. Dieser machte ihn dafür zum Frankenkönig. Auf diese Weise entstand der Kirchenstaat, dessen Rest der Vatikan ist.

Patris est filius

Er ist der Sohn seines Vaters

Marcus Terentius Varro
∗ 116 † 27 v. Chr.

„Der Apfel fällt nicht weit vom Stamm" wollte dieses römische Sprichwort sagen. Der Gelehrte Varro betitelte so eine seiner Satiren. Wie er dieses Thema aber umsetzte, weiß man nicht, denn von den 150 Büchern mit Satiren, die der berühmteste Gelehrte seiner Zeit verfasst haben soll, sind nur Fragmente erhalten.

Pauper ubique iacet

Überall liegt der Arme am Boden

Ovid
(Publius Ovidius Naso)
∗ 43 v. Chr. † um 18 n. Chr.

In seiner Schrift *Fasti* (Kalender der Festtage) lässt Ovid den doppelköpfigen, altrömischen Gott Janus die Herrschaft des Geldes beklagen: „dat census honores, census amicitias (Der Besitz gibt Würden, der Besitz verschafft Freundschaften)." Der Arme aber läge überall am Boden. Im Mittelalter wurde seine Feststellung zu dem Sprichwort „Dives ubique placet, pauper ubique iacet (Überall gefällt der Reiche, überall liegt der Arme)" erweitert.

Pavor nocturnus

Nächtliche Angst

Titus Livius
∗ um 59 v. Chr. † um 17 n. Chr.

Mit diesen Worten beschreibt Livius in seiner römischen Geschichte das Erschrecken der Römer, als sie im Jahr 359 v. Chr. plötzlich mitten in der Nacht von den benachbarten Tiburtinern angegriffen wurden. In der Medizin ist „Pavor nocturnus" heute der Fachbegriff für eine Schlafstörung, die meist im Kindesalter auftritt. Der Betroffene schreckt im Schlaf auf und zeigt Angstreaktionen wie Schreien, schnellen Puls, heftiges Atmen und kalten Schweiß, wacht dabei aber zunächst nicht auf. Nach dem Erwachen kann er sich dann an nichts mehr erinnern, worin der Unterschied zum Albtraum liegt. Da dies auch während eines Schlafes über Tag vorkommen kann, gibt es auch den Ausdruck „Pavor diurnus (Tagangst)".

Pax romana

Römischer Frieden

Edward Gibbon
∗ 1737 † 1794

Edward Gibbon

In seinem Werk *The History of the Decline and Fall of the Roman Empire* (Die Geschichte des Aufstiegs und des Falls des römischen Reichs) entwickelte der britische Historiker Gibbon die These von einer allumfassenden Pax Romana, einem Frieden, der weiten Teilen des Erdballs durch die Herrschaft des römischen Reiches aufgezwungen wurde. Später wurde dieses Konzept auch auf andere große Reiche übertragen, z. B. das britische Empire während der Kolonialzeit (Pax britannica) oder die Hegemonie der USA über weite Teile der Welt dank ihrer militärischen Überlegenheit (Pax americana). Dabei blieb es immer eine Streitfrage, ob ein – relativer – Frieden durch die militärische Übermacht eines Einzelnen eher positiv oder eher negativ gesehen wird.

Pax vobiscum!

Friede mit euch!

Jesus von Nazareth
∗ um 7 v. Chr. † um 30 n. Chr.

Die Evangelisten Lukas und Johannes berichten, dass Jesus nach seinem Tod seinen Jüngern mehrmals erschienen sei und sie dabei mit dem Gruß „Der Friede sei mit euch" angeredet habe. Dieser Gruß – durch den Priester gesprochen – ist heute Bestandteil der katholischen Liturgie. Die Antwortformel der Gemeinde darauf lautet im deutschen Gottesdienst „Und mit deinem Geiste" und in der lateinischsprachigen Messe „Et cum spirito tuo".

Pecunia non olet

Geld stinkt nicht

nach Titus Flavius Vespasian
∗ 9 † 79

In seiner Biografie des römischen Kaisers Vespasian berichtet Sueton (um 70–140) folgende Anekdote: Vespasian, der äußerst erfinderisch war, erhob eine Latrinensteuer, um die maroden römischen Staatsfinanzen wieder zu sanieren. Vermutlich ging es dabei um die Abgabe des Urins aus öffentlichen Toiletten an Gerber und Walker. Als sein Sohn Titus (39–81) sich darüber entrüstete, hielt er ihm eine Münze unter die Nase und fragte, ob sie stinke. Als Titus verneinte, erwiderte er: „Atqui e lotio est (Und doch ist sie vom Urin)." Während Vespasians Unterfangen aber legal und voll des guten Willens war, wird die daraus entstandene Redensart „Geld stinkt nicht" vornehmlich für moralisch anrüchige Geschäfte gebraucht.

Per aspera ad astra

Auf rauer Bahn zu den Sternen

nach Lucius Annaeus Seneca
dem Jüngeren
∗ um 4 v. Chr. † 65 n. Chr.

„Non est ad astra mollis e terris via" (Nicht glatt ist der Weg von der Erde zu den Sternen", schrieb der antike Philosoph Seneca in seinem Drama *Hercules furens* (Der rasende Herkules). Daraus entstand obige Redewendung, die vor allem als Motto von Vereinigungen und Institutionen bis heute beliebt ist. Unter anderem schreiben sich die California State University, die Südafrikanische Luftwaffe und die niederländische Stadt Gouda diesen Spruch aufs Banner. Daneben gibt es noch zahlreiche ähnliche Varianten wie „Ad astra per aspera" (in der Serie *Star Trek*), „Per ardua ad astra" (Durch Widerstände zu den Sternen, Royal Air Force) oder einfach „Ad astra".

Per pedes

Zu Fuß

Mittelalterliche Redensart

„Per pedes", bedeutet, zu Fuß zu gehen. Meistens verwendet man die Wendung in einem Anflug von Galgenhumor dann, wenn man eigentlich nicht vorhatte, diese Art der Fortbewegung zu wählen, aber widrige Umstände wie etwa ein plattes Fahrrad oder ein nicht anspringendes Auto einen dazu zwingen. Die Wendung stammt schon aus dem Mittelalter, obwohl da die meisten Menschen sowieso noch zu Fuß gingen, damals noch versehen mit dem Zusatz „apostolorum (wie die Apostel)“, die – so nahm man an – ihre Missionsreisen auch hauptsächlich zu Fuß, und nicht auf dem Pferderücken oder im Wagen unternommen hatten.

Pereat!

Er gehe zugrunde!

Marcus Tullius Cicero
∗ 106 † 43 v. Chr.

Cicero

Dabei handelt es sich um eine ziemlich heftige Verwünschung, die man sinngemäß getrost auch mit „Nieder mit ihm“ oder „Er fahre zur Hölle“ übersetzen kann. Cicero, der in seinen Reden keine Zurückhaltung kannte, gebrauchte diese Wendung öfters. Er gehörte auch zu jener Fraktion, die bei der Verschwörung des Catilina im Jahr 63 v. Chr. dafür plädierte, die überführten Verschwörer hinzurichten. In der Studentensprache etablierte sich „Pereat“ später als ein Gegenstück zu „Vivat“, wobei es nicht unbedingt Menschen, sondern auch Dinge oder Bräuche waren, die nach Meinung der Burschenschaftler verschwinden oder vergehen sollten.

Perfer et obdura

Ertrage und halte aus

Ovid
(Publius Ovidius Naso)
∗ 43 v. Chr. † um 18 n. Chr.

„... Dolor hic tibi proderit olim (Dieser Schmerz wird dir einst nützen).“ Diesen Rat gibt sich der Ich-Erzähler in Ovids Liebesgedichten (*Amores*), in denen er seine fatale Neigung zu einer gewissen Corinna erzählt, selbst. Derselbe Ratschlag findet sich auch in seinen Klageliedern aus dem Exil (*Tristia*). Auch Ovids Kollege Catull (1. Jh. v. Chr.) ermahnt sich in einem Gedichtzyklus, der um seine Liebe zu einer gewissen Lesbia kreist, mit den Worten „Perfer, obdura!“ Während die Forscher aber annehmen, dass es Catulls Lesbia wirklich gegeben hat, ist Ovids Corinna wohl eher eine Erfindung.

Perfidiosus est Amor

Niederträchtig ist die Liebe

Titus Maccius Plautus
∗ um 254 † um 184 v. Chr.

So klagt in Plautus' Stück *Cistellaria* (Der Korb) die junge Silenium, die sich verliebt, aber kaum Chancen auf eine Ehe hat, da sie ein Findelkind ist, das in einem Bordell aufgezogen wurde. Im gleichen Gespräch erklärt Seleniums erfahrenere Freundin Gymnasium: „Namque ecastor Amor et melle et felle est fecundissimus (Denn, beim Kastor, Liebe ist höchst fruchtbar in Honig und Galle).“ Wortspiele mit „mel (Honig)“ und „fel (Galle)“ finden sich in der römischen Literatur sehr oft.

Periculum in mora

Gefahr im Verzug

Titus Livius
* um 59 v. Chr. † um 17 n. Chr.

Titus Livius

Über den Sieg des Königs Attalos I. von Pergamon (269–197 v. Chr.) über die im kleinasiatischen Pergamon einfallenden Kelten schrieb Livius: „Cum iam plus in mora periculi quam in ordinibus conservandis praesidii esset, omnes passim in fugam effusi sunt (Als schon mehr Gefahr im Verzug war als Sicherheit im Aufrechterhalten der Ordnung, stoben alle in planloser Flucht auseinander)." 1555 wurde der Begriff „Periculum in mora" in der deutschen Kammergerichtsordnung eingeführt. Wenn die Gefahr droht, dass eine Sache verschleiert wird, kann ein Verfahren beschleunigt werden. Auch heute ist „Gefahr im Verzug" ein feststehender Begriff im deutschen Strafrecht, der besondere Maßnahmen erlaubt, z. B. das Eindringen in eine Wohnung ohne Durchsuchungsbefehl. Umgangssprachlich wird er manchmal für drohende Gefahr benutzt, doch genau genommen bedeutet er, dass Zögern zu einer Gefahr führen kann.

Perpetuum mobile

Sich ständig Bewegendes

Fachausdruck

Kann sich irgendeine Konstruktion oder Maschine ständig weiterbewegen, ohne dass man ihr neue Energie zuführt? Unzählige Tüftler und Wissenschaftler haben im Laufe der Jahrhunderte versucht, ein solches „Perpetuum mobile", ein sich endlos bewegendes Gerät, zu konstruieren. Die ersten bekannten Berichte darüber stammen aus Indien aus dem 8. Jh. Doch obwohl inzwischen längst bewiesen ist, dass ein Perpetuum mobile ein Ding der Unmöglichkeit ist, weil es fundamentalen Gesetzmäßigkeiten der Physik widerspricht, lebt der Traum immer noch weiter.

Persona non grata

Unerwünschte Person

Fachausdruck

Die Bezeichnung eines Menschen als Persona non grata stammt aus der Diplomatensprache. Diplomaten genießen im Ausland Immunität, können also nicht wegen Vergehen belangt werden. Trotzdem hat ein Land die Möglichkeit, solche Diplomaten loszuwerden bzw. die Entsendung unliebsamer Personen bereits im Vorfeld zu verhindern. In den internationalen Vereinbarungen zur Entsendung von Diplomaten ist nämlich geregelt, dass ein Diplomat, der zur Persona non grata erklärt wird, zurückgerufen werden muss bzw. nicht entsandt werden darf. Kommt sein Heimatland dem nicht nach, darf ihn das Gastland ausweisen bzw. ihm den Diplomatenstatus entziehen. Umgangssprachlich benutzt man den Ausdruck meist dann, wenn jemand unerwünscht ist, ohne dass es zu offenem Streit über den Grund gekommen ist.

Philippica oratio

Philippische Rede

Marcus Tullius Cicero
* 106 † 43 v. Chr.

Diesen Namen gab Cicero seinen 14 Reden gegen Marcus Antonius (um 83–30 v. Chr.). Der

Hintergrund: Er wollte an jene berühmten Reden erinnern, mit denen sein Vorbild Demosthenes (384–322) die griechischen Staaten vor dem Hegemonialstreben des makedonischen Königs Philipp II. (um 382–336 v. Chr.) warnte. Beide Redner schreckten dabei auch vor harten persönlichen Angriffen nicht zurück, weshalb man heute sowohl eine vehemente Streitrede als auch persönliche Schmähungen als Philippika bezeichnet. Beide hatten übrigens keinen Erfolg. Demosthenes aber überlebte Philipp II. immerhin, während Marcus Antonius Cicero ermorden ließ.

Philippis iterum me videbis

Bei Philippi wirst du mich wiedersehen

Appian von Alexandria
2. Jh.

William Shakespeare

Mit diesen Worten soll der Geist Caesars eines Nachts seinem Mörder Brutus (85–42 v. Chr.) erschienen sein. Die erste Erwähnung dieser Sage findet sich in der *Rhomaika* (Römische Geschichte) des Historikers Appian von Alexandria, der überhaupt zu einem recht romanhaften Stil tendierte. Im makedonischen Philippi fand die Entscheidungsschlacht statt, die die Caesarmörder gegen dessen Großneffen Gaius Octavius (63 v. Chr.–14 n. Chr.), den späteren Kaiser Augustus und seinen Verbündeten Marcus Antonius (um 83–30 v. Chr.) verloren. Berühmt wurde die Drohung mit Philippi, da William Shakespeare (1564–1616) sie in sein Drama *Julius Caesar* aufnahm.

Philosophia ancilla theologiae

Die Philosophie, die Magd der Theologie

nach Petrus Damiani
* um 1006 † 1072

Das Verhältnis von Philosophie und Theologie war schon immer ein sehr schwieriges. Schon der berühmte Philosoph Sokrates (469–399 v. Chr.) wurde u. a. wegen Gottlosigkeit hingerichtet. In der abstrakten Art, in der er von den Göttern oder gar dem Göttlichem sprach, erkannten die Stadtväter von Athen ihre gewohnten, sehr menschenähnlichen Götter nicht wieder. Ähnlich schwer taten sich später die christlichen Theologen, wenn philosophische Überlegungen mit festgeschriebenen Glaubensgrundsätzen in Konflikt gerieten. Manche verdammten die Philosophie im Ganzen, zum Leitfaden im Umgang mit diesem prekären Thema aber wurde die Ansicht des Theologen Petrus Damiani, der meinte, die Philosophie dürfe zur Erklärung von Glaubenswahrheiten herangezogen werden, müsse sich aber im Zweifelsfall immer der Theologie unterordnen.

Pia desideria

Fromme Wünsche

Philipp Jacob Spener
* 1635 † 1705

Dieses Schlagwort steht heute für Wünsche, die zwar gut gemeint sind, doch kaum Aussicht auf Erfüllung haben, weil sie angesichts der Realität gar zu naiv sind. Der Elsässer Theologe Philipp Jacob Spener meinte es jedoch ernst, als er 1675 die Schrift *Pia Desideria oder Herzliches Verlangen nach gottgefälliger Besserung der wahren evangelischen Kirche* verfasste. Spener wünschte sich einen lebendigeren Glauben und mehr echte

Frömmigkeit, gerade auch im Alltag. Damit wurde er zu einem der Vorreiter des Pietismus.

Pia fraus

Frommer Betrug

Ovid (Publius Ovidius Naso)
∗ 43 v. Chr. † um 18 n. Chr.

Metamorphosen des Ovid. Handschrift aus dem 14. Jh.

„Pia fraus", ist ein Betrug mit den besten Absichten. Er geht zurück auf die Geschichte von Iphis in den *Metamorphosen* des römischen Dichters Ovid. Die Kreterin Telethusa bekommt von der Göttin Isis den Rat, ihre neugeborene Tochter Iphis als Jungen aufzuziehen, weil der Vater angedroht hat, ein Mädchen zu töten. Der „fromme Betrug" der Mutter geht solange gut, bis der Vater seinen vermeintlichen Sohn mit der schönen Ianthe verlobt. Die verzweifelte Mutter bangt um ihr Leben und das ihrer Tochter, während Iphis eher umtreibt, dass sie sich unsterblich in Ianthe verliebt hat. Am Ende vertuscht die Göttin Isis jedoch allen Betrug, indem sie Iphis in einen Mann verwandelt.

Pisces natare oportet

Fische müssen schwimmen

Titus Petronius
∗ um 14 † 66

Mit diesem launigen Spruch fordert der neureiche Trimalchio in Petronius' Roman *Satyricon* seine Gäste nach der Mahlzeit zum Trinken auf. Eine ähnliche Redensart ist auch heute noch verbreitet, nämlich dass ein Fisch dreimal schwimmen müsse: erst im Wasser, dann im Kochsud und schließlich im Wein, den es folglich beim Essen reichlich auszuschenken gilt.

Placet

Es gefällt

Lehnwort

Wenn jemand sein Einverständnis zu einer Sache gibt, dann wird gelegentlich der Ausdruck „sein Plazet geben" verwendet. Ein Plazet ist ursprünglich aber mehr als eine – vielleicht sogar widerwillige – Zustimmung, sondern bedeutet im Grunde, dass jemand erklärt, dass ihm die Sache wirklich gefällt. Übrigens: Placebo bedeutet „Ich werde gefallen". Damit wird auf den Effekt angespielt, dass ein Mittel, das eigentlich keinen Wirkstoff enthält, dennoch auf Gefallen stoßen und eine Wirkung entfalten wird, auch wenn es sich nicht um ein echtes Medikament handelt.

Plenus venter non studet libenter

Ein voller Bauch studiert nicht gern

Schülerspruch

Über die Ursprünge dieses beliebten Spruches ist so gut wie gar nichts bekannt. Mit einiger Sicherheit aber stammt er nicht aus der Antike, sondern wurde irgendwann einmal von Lateinschülern kreiert. Doch er ist mehr als eine gelehrt klingende Rechtfertigung von Faulheit: Nach einem üppigen Essen ist der menschliche Organismus mit der Verdauung beschäftigt, was tatsächlich auf die Konzentration schlagen kann.

Pontifex maximus

Oberster Brückenbauer

Religiöser Titel

Wenn ein katholischer Papst als Pontifex, als Brückenbauer, bezeichnet wird, dann ist das nicht nur symbolisch gemeint. Seit Leo dem Großen (um 400–461) tragen die Päpste den offiziellen Titel eines Pontifex maximus, den sie von den heidnischen, römischen Oberpriestern übernommen haben – egal, ob sie nun „Brücken" zu Nichtkatholiken bauen oder nicht. Warum die römischen Priester Pontifex genannt wurden, ist nicht gesichert. Eine Version ist, dass der Fluss Tiber früher als Gottheit galt und der Brückenbau deshalb eine religiöse Handlung war, die von Priestern geleitet werden musste.

Possum, sed nolo

Ich kann, aber ich will nicht

Maria von Medici
∗ 1575 † 1642

Dieser trotzige Ausspruch soll von der französischen Königin Maria von Medici stammen. Die zweite Frau von König Heinrich IV. (1553–1610) galt als willensstarke, aber äußerst launische Regentin, die sich zahlreiche Feinde machte, nicht zuletzt ihren unmündigen Sohn Ludwig XIII. (1601–43), der sie 1617 entmachtete. In der Folgezeit versuchte die Königin immer wieder, durch Intrigen die Macht zurückerlangen, bis sie schließlich von ihrem Sohn des Hochverrats angeklagt wur-de. Als einziger Freund blieb der Königin der Maler Peter Paul Rubens (1577–1640), den sie früher gefördert hatte. Er gewährte ihr in seinem Haus in Köln Zuflucht.

Peter Paul Rubens:
Landung Maria von Medicis in Marseille

Post coitum omne animal triste

Nach dem Geschlechtsverkehr sind alle Lebewesen traurig

Pseudo-Petronius
1. Jh. oder später

Diese Ansicht wird oft dem Philosophen Aristoteles (384–322 v. Chr.) zugeschrieben. Es gibt jedoch keinen Beleg dafür, dass der Philosoph – der übrigens verheiratet war und Kinder hatte – die körperliche Liebe tatsächlich derart negativ bewertete. Tatsächlich taucht die Ansicht in einem Gedicht auf, das angeblich von Petronius (um 14–66) sein soll, es aber wohl nicht ist, weshalb der Autor als Pseudo-Petronius betitelt wird. Die These war jedoch mehreren Schriftstellern und Philosophen eine eingehende Erörterung wert, z. B. Plinius dem Älteren (um 23–79), dem Arzt Galen von Pergamon (um 129–216) oder Arthur Schopenhauer (1788–1860). Außerdem tauchten allerlei Zusätze auf wie etwa „sive gallus et mulier (außer dem Hahn und der Frau)". Auch die zeitgenössische Schriftstellerin Monika Maron (∗ 1941) nannte eines ihrer Bücher *Animal triste*.

Potius amicum quam perdere

Lieber einen Freund als einen Spruch verlieren

Quintilian
(Marcus Fabius Quintilianus)
* um 35 † um 96

Seite aus Quintilians *Institutio oratoria*

In seinem Lehrbuch *Institutio oratoria* (Unterweisung in der Redekunst) ermahnt der Rhetoriklehrer Quintilian seine Schüler, nie jemanden zu verletzen und sich nicht an den obigen Vorsatz zu halten, der wohl schon im alten Rom berüchtigt war und es heute noch ist in der Version „Lieber einen Freund verlieren, als einen guten Witz". Auch Horaz (65–8 v. Chr.) beklagte sich schon über jene Satirenschreiber, die ihre besten Freunde nicht schonen, wenn sie dafür nur das Gelächter ihrer Leser ernten.

Potius sero quam numquam

Lieber spät als nie

Titus Livius
* um 59 v. Chr. † um 17 n. Chr.

Im 5. Jh. v. Chr. wurde Rom von schweren Ständekämpfen erschüttert. Der Geschichtsschreiber Titus Livius schildert in seinem Werk *Ab urbe condita* ein Gespräch zwischen den beiden regierenden Konsuln. Sie befürchteten, dass die Volkstribune, die Vertreter der arbeitenden Klasse, der Plebejer, die schwierige außenpolitische Lage Roms dazu nutzen würden, sich immer mehr Rechte zu erkämpfen. Wenn man nicht wolle, dass die unteren Stände die ganze Macht an sich reißen, müsse man dem eine Ende machen, finden sie, „potiusque sero quam nunquam (Und lieber spät als nie)".

Primus inter pares

Der Erste unter Gleichen

Gaius Octavius Augustus
* 63 v. Chr. † 14 n. Chr.

Wenn sich jemand als „primus inter pares" bezeichnet, dann kann es sein, dass er den wahren Machtunterschied zu seinen Kollegen herunterspielen will, aber auch, dass er nur eine Art Ehrenvorsitz in einem Kreis einnimmt und tatsächlich nicht mehr Rechte hat. Bei Kaiser Augustus war ganz eindeutig Ersteres der Fall. Im Jahr 27 v. Chr. wurde er vom römischen Senat mit nahezu allen Rechten ausgestattet. Rückblickend gilt dies als Beginn der römischen Kaiserzeit. Augustus jedoch nannte sich nur „princeps" (Führer) oder „primus inter pares", denn die Abschaffung des Königtums etwa 500 Jahre zuvor gehörte zu den tragenden Säulen der römischen Identität. Bereits der Verdacht, die Monarchie wieder einführen zu wollen, konnte tödlich enden, wie das Beispiel von Augustus' Großonkel Caesar (100–44 v. Chr.) zeigte. De facto wurde die Republik auch während der gesamten römischen „Kaiserzeit" nicht abgeschafft.

Principiis obsta!

Widerstehe den Anfängen!

Ovid (Publius Ovidius Naso)
* 43 v. Chr. † um 18 n. Chr.

Diesen Rat gab der römische Dichter Ovid in seinem Ratgeber *Remedia amoris* (Mittel gegen die Liebe). Er meinte, man solle sich gleich zu Beginn einer neuen Beziehung fragen, ob die Sache Aussicht auf Erfolg hat. Wenn nicht, solle man lieber gleich Schluss machen, denn später werde ein Entkommen immer schwerer. „Sero medicina paratur, cum mala per longas invaluere moras (Zu spät wird ein Heilmittel bereitet, wenn das Übel durch langen Verzug erst einmal stark geworden ist)." Im Folgenden gibt Ovid noch ziemlich drastische Ratschläge für das Beenden länger dauernder Partnerschaften.

Prius locusta bovem pariet

Eher wird eine Heuschrecke einen Ochsen gebären

Gnaeus Naevius
* um 270 † um 204 v. Chr.

„… quam hoc fiat (als dass dies geschieht)." Mit diesem bildhaften Vergleich zitiert der römische Gelehrte Varro (116–27 v. Chr.) den Dichter Naevius. Ähnliche Vergleiche gibt es jedoch eine Menge mehr. Horaz (65–8 v. Chr.) tröstet in einer seiner Oden seinen offenbar liebeskranken Dichterfreund Tibull (um 55–19 v. Chr.): Eher würde sich ein apulischer Wolf mit einem Reh vermählen, als dass eine gewisse Pholoe sich zu schändlichem Ehebruch verführen ließe (Sed prius Apulis iungentur capreae lupis quam turpi Pholoe peccet adultero). In einer mittelalterlichen Spruchsammlung findet sich die Variante „Prius ovem lupus ducat uxorem (Eher nimmt der Wolf ein Schaf zur Frau)".

Pro deo et imperio

Für Gott und Reich

Kaiser Franz I. Stephan
* 1708 † 1765

Kaiser Franz I.

So lautete der Wappenspruch von Kaiser Franz I. Stephan. Allerdings tat er für das Reich, das er offiziell regierte, relativ wenig und überließ die Politik fast gänzlich seiner tatkräftigen Frau Maria Theresia (1717–80). Er beschäftigte sich dafür vorwiegend mit Naturwissenschaften und konsolidierte die Finanzen des Hauses Habsburg. Das angehäufte Vermögen nutzte sein Sohn Joseph II. (1741–90) später größtenteils zur Sanierung der Staatsfinanzen, sodass es doch noch dem Reich zugute kam. Maria Theresia regierte übrigens unter dem Motto „Iustitia et Clementia" (Gerechtigkeit und Milde). Joseph II., ein aufgeklärter Monarch, der sich sehr um das Wohl des Volkes bemühte, ohne etwas von seiner Machtfülle abzugeben, führte den ambitionierten Wahlspruch „Virtute et Exemplo" (Durch Tugend und Beispiel).

Pro domo

Für das Haus

Marcus Tullius Cicero
* 106 † 43 v. Chr.

Seine Reden machten den römischen Politiker Cicero berühmt, verschafften ihm aber auch viele Feinde. Im Jahr 58 v. Chr. musste er in die Verbannung gehen und, als er ein Jahr später zurückgerufen wurde, feststellen, dass sein Haus auf dem Palatin niedergerissen und von seinem erklärten Feind, dem Volkstribunen Publius Clodius Pulcher (um 92–52 v. Chr.), in einen Tempel umgewandelt worden war. Cicero protestierte mit einer „Oratio pro domo (Rede für das Haus)“ erfolgreich gegen diese Maßnahme. „Pro domo“ wurde deshalb zu einem Schlagwort für ein Plädoyer ineigener Sache.

Probatum est

Es hat sich bewährt

Cornelius Tacitus
∗ um 55 † nach 116

Das lateinische Wort „probare“ bedeutet prüfen, beurteilen. Meistens wird es in dem Sinn gebraucht, dass eine Sache diese Prüfung erfolgreich bestanden hat, sich also bewährt hat oder gutgeheißen wird. Es kann jedoch auch für eine neutrale Erfahrung verwendet werden. Tacitus zitiert in seinen *Annales* (Jahrbüchern) etwa den Senator und Philosophen Publius Clodius Thrasea Paetus (1. Jh.), der in einer Anklage erklärt, dass es sich gezeigt habe, dass gute Gesetze immer aufgrund von bösen Taten entstanden sind.

Prosit

Es sei gut

Lehnwort

Unser gängiger Trinkspruch „Prost“ ist eine Adaption des lateinischen Wunsches „Prosit“, der „es nütze“ oder „es möge zuträglich sein“ bedeutet. „Wohl bekomms“ ist also eine ziemlich genaue deutsche Übersetzung. In vielen anderen Sprachen wird beim Trinken ebenfalls „Wohlsein“ oder „Gesundeit“ gewünscht.

Punctum saliens

Der springende Punkt

Aristoteles
∗ 384 † 322 v. Chr.

Diese Wendung geht auf den griechischen Philosophen Aristoteles zurück. In seinen Schriften über die Tierkunde berichtet er, dass in einem erst wenige Tage lang bebrüteten Ei ein Blutfleck zu beobachten sei. In der lateinischen Übersetzung seiner Schrift heißt es: „Quod punctum salit iam et movetur ut animal. (Dieser Punkt springt schon und bewegt sich wie ein Tier).“ Aristoteles schloss daraus, dass dies das Herz des künftigen Vogels sein müsse. Daraus entwickelte sich der „springende Punkt“ als Umschreibung für den entscheidenden Kern bzw. das Herzstück einer Sache.

Punica fides

Phönizische Treue

Sallust (Gaius Sallustius Crispus)
∗ 86 † um 35 v. Chr.

In seinem Werk *Bellum Iugurthinum* (Krieg mit Jugurtha) verwendet der römische

Geschichtsschreiber Sallust diesen Begriff als eine gängige Umschreibung von Hinterlist. Er beschuldigt nämlich nicht einmal einen Punier (Karthager), sondern den mauretanischen König Bocchus I. (Regierungszeit um 110–80 v. Chr.) der „punica fides". Bocchus verhielt sich im Krieg Roms gegen seinen Schwiegersohn, den numidischen König Jugurtha (etwa 160–104 v. Chr.), zunächst neutral, unterstützte ihn dann und lieferte ihn schließlich den Römern aus, was ihm einen Teil Numidiens einbrachte. Die Punier dagegen spielten seit der Zerstörung Karthagos durch die Römer im Jahr 146 v. Chr. politisch überhaupt keine Rolle mehr. Doch der Hass der Römer, entstanden durch Hannibals Einfall in Italien im Jahr 218 v. Chr., saß offenbar noch tief.

Quae medicamenta non sanant, ferrum sanat…

Was Medikamente nicht heilen, heilt das Eisen…

Hippokrates von Kos
* um 460 † um 370 v. Chr.

„… quae ferrum non sanat, ignis sanat; quae vero ignis non sanat, insanabilia reputari oportet (was das Eisen nicht heilt, heilt das Feuer; was aber das Feuer nicht heilt, muss als unheilbar betrachtet werden)." Diese Reihenfolge der Maßnahmen legte der antike Arzt Hippokrates in seinen Aphorismen seinen Schülern ans Herz. Friedrich Schiller (1759–1805) stellte dieses Zitat seinen *Räubern* voran und rechtfertigte so die Rebellion seiner Titelhelden. Da die gesellschaftlichen Verhältnisse quasi mit Medikamenten oder dem Skalpell nicht zu heilen seien, bleibe den Opfern nichts anderes übrig, als zum Feuer zu greifen.

Quae supra nos, nihil ad nos

Was über uns ist, ist nichts für uns

Sokrates
* 469 † 399 v. Chr.

Mit diesen Worten zitiert der afrikanische Kirchenlehrer Lactantius (um 250–325) in seinem Werk *Divinae institutiones* (Göttliche Unterweisungen), in dem er das Christentum gegen die Kritik der Heiden verteidigt, den Philosophen Sokrates. Unter anderem wegen jener Äußerung hält er Sokrates für weiser als andere heidnische Philosophen. Lactantius lehnt es entschieden ab, dass Menschen versuchen, göttliche Geheimnisse zu ergründen. Das Jenseits sei allein Gottes Sache und gehe die Menschen nichts an. Er stand damit im Gegensatz zu vielen anderen Theologen und einfachen Christen, die sich sehr eingehend mit der Frage nach dem Jenseits beschäftigten.

Qualis artifex pereo!

Welch Künstler stirbt mit mir!

Nero
* 37 † 68

Mit diesen Worten soll der berüchtigte Kaiser Nero laut Sueton gestorben sein. Nero ließ sich nach seiner erzwungenen Flucht aus Rom von einem seiner Sklaven erstechen. Der junge Nero hatte sich schon immer mehr für Kunst und Wissenschaft interessiert als für Politik. In den ersten Jahren überließ er die Regentschaft fähigen Stellvertretern. Mit der Zeit wurde er aber immer unberechenbarer, brachte mehrere Verwandte und Vertraute um oder zwang sie, wie Seneca den Jüngeren oder Petronius, zum Selbstmord. Das Jahr 66 verbrachte er in Griechenland, wo er als Sänger und Musiker, aber auch als Schauspieler und Sportler auftrat und über 1800-mal „gewann". Er ließ sogar Spiele, die turnusmäßig nicht an der Reihe waren, in dieses Jahr verlegen. Dass er Rom in Brand steckte und diesen dann besang, ist aber wohl üble Nachrede. Dass er nach dem Brand viele Christen in der Arena hinrichten ließ, wahrscheinlich nicht.

Qualis rex, talis grex

Wie der König, so die Herde

nach Titus Petronius
∗ um 14 † 66

Natürlich hüten Könige keine Herde, aber „rex" und „grex" reimt sich eben so schön. In Petronius' Roman *Satyricon* heißt es auch noch: „Qualis dominus, talis et servus (Wie der Herr, so auch der Sklave)." Der Satz fällt in einem Streit zwischen zwei Sklaven. In Österreich hat man „Wie der Herr, so's G'scherr" daraus gemacht.

Quasi

Als ob

Lehnwort

„Quasi" ist sicherlich eine der lateinischen Wendungen, die noch am häufigsten in der Alltagssprache vorkommen. Meistens wird sie gebraucht, wenn man andeuten will, dass etwas weitgehend, aber eben nicht zu 100 Prozent so ist. Etwa, wenn man „quasi" fertig mit etwas ist, man eine Stelle „quasi" in der Tasche hat oder „quasi" sein eigener Chef ist, weil einem der tatsächliche völlig freie Hand lässt.

Qui tacet, consentire videtur

Wer schweigt, scheint zuzustimmen

Bonifatius VIII. (Benedetto Caetani)
∗ um 1235 † 1303

Bonifatius VIII.

Dies war nicht nur eine private Meinung des Papstes, denn Bonifatius VIII. ließ den Satz, dass Schweigen als Zustimmung zu werten sei, in die Dekretalen aufnehmen, päpstliche Anordnungen, die er dem *Corpus iuris canonici* (Sammlung kanonischen Rechts) hinzufügte. Bonifatius war einer jener Päpste, die für die Kirche absolute Machtansprüche durchzusetzen versuchten. Seine Feinde warfen ihm dafür nach seinem Tod vor, ein Ketzer gewesen zu sein, der in Wahrheit zentrale Inhalte des christlichen Glaubens leugnete.

Quieta non movere

Das Ruhende nicht bewegen

nach Sallust
(Gaius Sallustius Crispus)
∗ 86 † um 35 v. Chr.

„Schlafende Hunde soll man nicht wecken" könnte man diese Redewendung frei übersetzen. Der deutsche Kanzler Otto von Bismarck (1815–98) benutzte sie in einer Rede 1891 als „gutes, altes politisches Sprichwort“. Es findet sich in einer Sammlung aus dem 15. Jh. Die Wurzeln dürften aber in einem Bericht über die Verschwörung Catilinas des Historikers Sallust liegen. Dieser beschreibt, wie Catilina seine Anhänger aufwiegelte, indem er ihnen vor Augen führte, dass sie immer zu kurz kämen, während andere die augenblicklichen Verhältnisse zu ihren Gunsten nutzten. Sallust schreibt, darauf sei es seinen Zuhörern lohnend erschienen, „quieta movere“, also die augenblicklichen Verhältnisse, aufzumischen.

Quinta essentia

Das fünfte Element

nach Aristoteles
∗ 384 † 322 v. Chr.

In der Antike war man der Meinung, dass die ganze Natur aus vier Elementen besteht, nämlich Luft, Erde, Wasser und Feuer. Allerdings gingen die Meinungen auseinander, wie sie sich zueinander verhalten: Sind sie alle gleichwertig oder ragen einige aus den anderen hervor, etwa Wasser und Erde aus zusammengepresster Luft, wie Anaximenes (585–525 v. Chr.) meinte? Dem Philosophen Aristoteles genügte das jedoch nicht. Er meinte, der Kern aller vier Elemente müsse aus einem fünften, unveränderlichen Element ohne Eigenschaften bestehen. So wurde aus der lateinischen Bezeichnung für „fünftes Element“ unser Begriff Quintessenz, der für den Kern einer Sache steht.

Aristoteles

Quis custodiet ipsos custodes?

Wer wird die Wächter selbst bewachen?

Juvenal
(Decimus Iunius Iuvenalis)
∗ um 60 † nach 127

In der sechsten seiner berühmten Satiren zieht Juvenal über die Frauen her, denen er so ziemlich alle schlechten Eigenschaften, vor allem aber notorische Untreue anhängt. Er macht sich aber auch über Geschlechtsgenossen lustig, die selbst ein ausschweifendes Leben führen und dann plötzlich meinen, eine besonders tugendhafte Frau heiraten zu können. All jenen Freunden, die der Meinung sind, man müsse eine Ehefrau eben hinter Schloss und Riegel halten, stellt er die Frage: „Und wer wird die Wächter bewachen?“ Eine Frage, die ihre eigentliche Brisanz erst bekommt, wenn es nicht um private, sondern politische Dinge geht.

Quis pauper? Avarus

Wer ist arm? Der Habgierige

Bias von Priene
∗ um 590 † um 530 v. Chr.

Diese Lebensweisheit wird in der spätantiken Schrift *Septem sapientum sententiae* (Die Sätze der Sieben Weisen) dem kleinasiatischen Richter Bias von Priene zugeschrieben. Sie wird ergänzt durch den Satz „Quis dives? Qui nil cupiet (Wer ist reich? Der, der nichts begehrt).“ Dass dieser Satz wirklich von Bias stammt, ist recht zweifelhaft, doch der Gedanke, dass der Habgierige arm, der Bedürfnislose reich sei, war unter den antiken Philosophen weit verbreitet.

Quo non ascendum?

Wohin nicht aufsteigen?

Nicolas Fouquet
∗ 1615 † 1680

Nicolas Fouquet

Dieser, sein Wahlspruch, ist dem französischen Politiker Nicolas Fouquet nicht gut bekommen. Fouquet machte unter Kardinal Mazarin (1602–61) Karriere am französischen Hof und wurde 1653 Oberverwalter der Finanzen, ein Amt, das er geschickt dazu nutzte, auch persönlich immens reich zu werden. Kurz nach Mazarins Tod lud er den jungen König Ludwig XIV. (1638–1715) auf sein prächtiges Schloss Vaux-le-Vicomte zu einem der aufwändigsten Feste ein, die im Barock je gegeben wurden. Nur wenige Wochen später ließ der König Fouquet verhaften, machte ihm – mit ziemlich dubiosen Mitteln – den Prozess und inhaftierte ihn für den Rest seines Lebens. Da der König sich von den Baumeistern von Vaux-le-Vicomte später sein Schloss Versailles bauen ließ, heißt es oft, er habe Fouquet aus Neid beseitigt. Seriöse Historiker gehen jedoch von einer politischen Entmachtung eines zu ehrgeizigen Adeligen aus.

Quo vadis?

Wohin gehst du?

Simon Petrus
† um 65

Diese Frage stellt der Apostel Petrus Jesus im *Johannes-Evangelium* beim letzten Abendmahl. Zuvor hatte Jesus angekündigt, er werde nur noch kurze Zeit bei seinen Jüngern sein und damit auf seinen bevorstehenden Tod angespielt. Eine kirchlich nicht anerkannte Schrift, die *Petrusakte*, liefert folgende „Fortsetzung“: Rund 30 Jahre später flieht Petrus vor der Christenverfolgung aus Rom. Vor der Stadt begegnet er Jesus und stellt ihm wieder die Frage „Quo vadis, domine? (Wohin gehst du, Herr?)“ Jesus erwidert: „Venio Romam iterum crucifigi (Ich gehe nach Rom, mich erneut kreuzigen zu lassen).“ Daraufhin kehrt Petrus um und wird selbst hingerichtet. Diese Legende liegt dem Roman *Quo Vadis* des polnischen Nobelpreisträgers Henryk Sienkiewicz (1845–1916) zugrunde.

Quod agas, id agas

Was du tun willst, das tue

Titus Maccius Plautus
∗ um 254 † um 184 v. Chr.

Diese nachdrückliche Aufforderung, nicht nur von Plänen zu reden, sondern sie auch durchzuführen, findet sich zuerst in Plautus’ Stück *Mostellaria* (Das verwunschene Haus). Der junge Philolaches hat, während sein Vater abwesend war, ausschweifende Feste in dessen Haus gefeiert. Als der Vater überraschend heimkommt, ein Freund von Philolaches wegen schwerer Alkoholvergiftung aber nicht transportfähig ist, gibt dieser mithilfe eines Sklaven vor, das Haus wäre von Geistern heimgesucht, um den Vater draußen zu halten.

Plautus schreibt Komödien

Quod differtur, non aufertur

Was aufgeschoben wird, ist nicht aufgehoben

Arnobius der Jüngere
∗ 5. Jh.

Diesen Kommentar schrieb der gallische Bischof Arnobius im 5. Jh. an den Rand einer Abschrift des 36. Psalms aus dem *Alten Testament.* Eine Bemerkung, die an Ketzerei grenzte, denn dieser Psalm stellt die Gottlosen und die Frommen gegenüber. Meinte Arnobius nun tatsächlich, dass jeder, der bislang noch nicht fromm ist, dies getrost noch später werden könne? Oder machte er nur einen persönlichen Vermerk, etwa, dass er sich später noch einmal mit diesem Psalm beschäftigen wollte? Auf jeden Fall wurde sein knapper Kommentar sprichwörtlich.

Quod erat demonstrandum

Was zu beweisen war

Euklid
∗ um 365 † um 300 v. Chr.

Euklid

Bei den antiken Mathematikern war es üblich, hinter eine erfolgreiche Beweisführung diese Worte oder zumindest die Abkürzung q.e.d. zu setzen. Der erste, von dem dies bekannt ist, war der berühmte griechische Mathematiker Euklid, wobei er natürlich noch die griechische Variante „hoper edei deixai" benutzte. Heutige Mathematiker setzen statt des q.e.d. oft ein quadratisches Kästchen hinter einen erfolgreichen Beweis. Die antike Redewendung wird inzwischen eher als triumphierender Endpunkt einer Beweisführung in der mündlichen Rede, etwa bei einem Vortrag, gebraucht.

Quod licet Iovi, non licet bovi

Was Jupiter erlaubt ist, ist dem Rind nicht erlaubt

nach Lucius Annaeus Seneca der Jüngere, ∗ um 4 v. Chr. † 65 n. Chr.

Wann und wo dieser beliebte Kalauer entstand, ist nicht bekannt, aber in Senecas Drama *Hercules furens* (Der rasende Herkules) erklärt der König Amphitryon: „Quod Iovi, hoc regi licet (Was Jupiter, dies ist auch dem König erlaubt)." Manchmal wird dieser Spruch auch Terenz (um 195–159 v. Chr.) zugeschrieben. Doch in dessen Werken findet sich nur: „Aliis si licet, tibi non licet (Wenn es anderen erlaubt ist, dir ist es nicht erlaubt)." „Iovi" auf „bovi" haben wohl Lateinschüler, frühestens im Mittelalter, aufeinander gereimt. Der Scherz spielt aber auch auf die Sage an, Jupiter (im griechischen Original: Zeus) habe die schöne phönizische Königstochter Europa in Gestalt eines Stieres ent- und verführt – etwas, was sich ein gewöhnliches Rindvieh natürlich nicht herausnehmen darf.

Quod non fecerunt barbari, fecerunt Barberini

Was die Barbaren nicht getan haben, haben die Barberini getan

Carlo Castelli
∗ 1863 † 1933

Eigentlich gilt Papst Urban VIII. (1568–1644) – mit bürgerlichem Namen Maffeo Barberini – als Förderer der Künste, der gewaltige Summen für Baumaßnahmen aufwandte. Doch um Neues zu schaffen, bediente er sich gnadenlos alter Substanz. So ließ er das Kolosseum als Steinbruch freigeben und die bronzene Decken-

Wappen Papst Urbans VIII.

verkleidung des antiken Pantheon einschmelzen. Es ist nicht einmal sicher, ob das Material für den gewaltigen Altarbaldachin im Petersdom benutzt wurde, wie es meistens heißt, oder nur für Kanonen. Jedenfalls ist obiges Bonmot, das vom ehemaligen Bischof Castelli stammen soll, in Rom bei vielen Fremdenführern äußerst beliebt.

Quod scripsi, scripsi

Was ich geschrieben habe, habe ich geschrieben

Pontius Pilatus 1. Jh.

Im *Johannes-Evangelium* wird berichtet, dass die Hohenpriester sich darüber beschwerten, dass der römische Statthalter Pilatus am Kreuz Jesu eine Tafel anbringen ließ, die Jesus als König der Juden bezeichnete (siehe: Iesus ...). Laut Johannes entgegnete Pilatus jedoch: „Ho gegrapha, gegrapha." Das griechische Original ist also schon ebenso kurz und knackig wie die spätere lateinische Übersetzung.

Quos deus perdere vult, dementat prius

Die, die Gott verderben will, macht er zuerst wahnsinnig

Scholien des Sophokles

Als Scholien bezeichnet man Abschriften von antiken Werken, die mit Kommentaren versehen sind. In einem solchen Scholium zum Drama *Antigone* des griechischen Dichters Sophokles (um 496–405 v. Chr.) findet sich die Bemerkung, dass ein Gott, der einen Menschen ins Unglück stürzen will, diesem zuerst den Verstand zerstört, damit er sich nicht mehr beratschlagen kann. Ein ganz ähnlicher Spruch findet sich in der Sammlung des Publilius Syrus (1 Jh. v. Chr.): „Stultum facit Fortuna, quem vult perdere (Dumm macht das Glück den, den es verderben will)."

Sophokles

Quos ego...

Euch werde ich...

Vergil (Publius Vergilius Maro)
∗ 70 † 19 v. Chr.

„Die ich..." lautet die Drohung des Meergottes Neptun in Vergils *Aeneis* an die vier Winde wörtlich. Diese haben nämlich auf Anstiften der Göttin Juno, der Schwester des Neptun, die Flotte des Äneas in Seenot gebracht, obwohl sie eigentlich nur dem Befehl Neptuns unterliegen. Was er mit den Winden vorhatte, führte Neptun dann nicht aus. Wie populär die angedeutete Drohung in Rom war, lässt sich daraus folgern, dass sie zweimal als Graffito an den Wänden von Pompeji gefunden wurde.

Quot homines, tot sententiae

So viele Menschen, so viele Meinungen

Terenz (Publius Terentius Afer)
∗ um 195 † 159 v. Chr.

Dieses Sprichwort findet sich in Terenz' Komödie *Phormio*. Als der alte Demipho von einer

Reise zurückkommt und sich mit all dem Schlamassel konfrontiert sieht, den sein Sohn und seine Sklaven während seiner Abwesenheit angerichtet haben, fragt er seine Freunde um Rat, die ihm jedoch alle etwas anderes empfehlen – eine Situation, die sein Anwalt mit den obigen Worten kommentiert. Später findet man die Wendung, etwa bei Seneca dem Jüngeren (um 4. v. Chr.–65 n. Chr.), als Sprichwort zitiert.

Titelholzschnitt zur Straßburger Terenz-Ausgabe von 1496

Quousque tandem…

Wie lange noch…

Marcus Tullius Cicero
∗ 106 † 43 v. Chr.

„… Catilina, abutere patientia nostra (Catilina, willst du unsere Geduld missbrauchen)?“ Mit dieser Eröffnung begann Cicero am 8. November des Jahres 63 v. Chr. seine berühmte Rede gegen den Verschwörer Lucius Sergius Catilina (um 108–62 v. Chr.). Während die Geduld Ciceros, der gut über die Umtriebe Catilinas unterrichtet war, schon lange aufs Äußerste strapaziert war, brachte er viele Senatoren erst durch seine flammende Rede dazu, von Catilina abzurücken. Besonders muss es Cicero aufgestachelt haben, dass Catilina die Unverfrorenheit besessen hatte, persönlich zu dieser Sitzung zu erscheinen, obwohl er am Vortag noch einen Mordanschlag auf Cicero verübt hatte.

Rara avis

Ein seltener Vogel

Juvenal
(Decimus Junius Juvenalis)
∗ um 60 † nach 127

„Rara avis in terris nigroque simillima cycno (Einen seltenen Vogel auf Erden gleich einem schwarzen Schwan)“, nennt der römische Schriftsteller Juvenal in seinen Satiren eine perfekte Ehefrau. Schließlich hielt man schwarze Schwäne vor der Entdeckung Australiens für ein Ding der Unmöglichkeit. Heute schwingt in der Bezeichnung „seltener Vogel“ eher etwas Negatives mit, ähnlich wie bei „komischer Vogel“. Aber auch schon Juvenal meinte, dass eine perfekte Ehefrau gar nicht wünschenswert wäre, da Perfektion nicht zu ertragen sei. Deshalb solle man bei der Heirat lieber auf die Mitgift achten.

Reddite ergo, quae sunt Caesaris, Caesari

Gebt also, was des Kaiser ist, dem Kaiser zurück

Jesus von Nazareth
∗ um 7 v. Chr. † um 30 n. Chr.

„… et quae sunt Dei, Deo (und was Gottes ist, Gott).“ Dies antwortet Jesus im *Lukas-Evangelium* auf die Fangfrage einiger Pharisäer, ob es erlaubt sei, dem Kaiser – der von den Juden nicht als rechtmäßiger Herrscher angesehen wurde – Steuern zu zahlen. In der deutschen Übersetzung wird dabei meist das Wörtchen „zurück“, das nicht nur in der lateinischen Variante, sondern auch im griechischen Original enthalten ist, unterschlagen. Damit geht der ablehnende Unterton verloren, mit dem Jesus die weltliche Herrschaft des römischen Kaisers bedenkt.

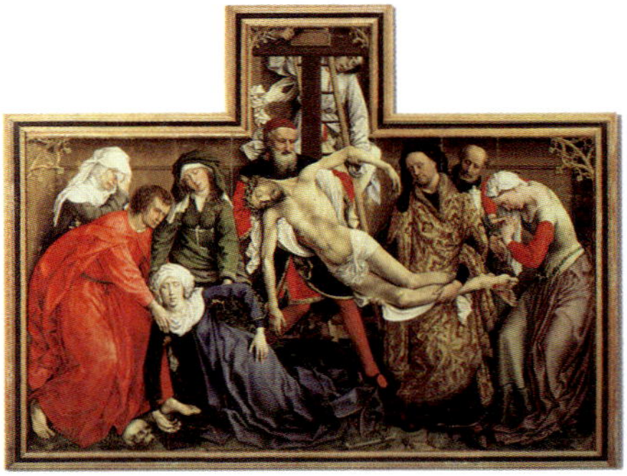

Rogier van der Weyden: *Kreuzabnahme Jesu*

Requiescat in pace

Er/sie möge in Frieden ruhen

Psalm 4

Diese Worte, oft als R.I.P. abgekürzt, waren eine sehr oft verwendete Grabinschrift, die inzwischen allerdings aus der Mode gekommen ist. Sie hat ihre Wurzeln im 4. Psalm des *Alten Testamentes*, wo es heißt: „In Frieden lege ich mich nieder." Allerdings ist hier wohl vom Schlaf, nicht vom Tod die Rede. „Requiescat in pace" ist auch Bestandteil der katholischen Bestattungsliturgie. In der deutschen Übersetzung heißt es: „Lass ihn/sie ruhen in Frieden."

Repetitio est mater studiorum

Wiederholung ist die Mutter der Studien

Cassiodor
(Flavius Magnus Aurelius Cassiodorus)
∗ um 490 † um 583

Diese Anleitung zum Büffeln stammt von einem römischen Adeligen, der im Reich des Ostgotenkönigs Theoderich (um 454–526) Karriere machte. Später wurde er Mönch und engagierte sich sehr für den Erhalt antiker Schriften. Er erklärte das Sammeln, Abschreiben und Vervielfältigen von Büchern und Akten zur ausdrücklichen Aufgabe der Klöster – eine Tradition, die auch noch später in der abendländischen Bildung eine große Rolle spielte. Möglich, dass er beim mehrmaligen Abschreiben der gleichen Sachverhalte die Erfahrung machte, wie einprägsam Wiederholungen sind.

Rerum novarum…

Nach neuen Dingen…

Leo XIII. (Vincenzo Gioacchino Pecci)
∗ 1810 † 1903

Papst Leo XIII.

Mit diesen Worten beginnt eine der wichtigsten und bekanntesten päpstlichen Enzykliken. Sie wurde 1891 von Leo XIII. verfasst und gilt als die erste Sozialenzyklika der katholischen Kirche. Der Papst verwarf darin zwar den Sozialismus, forderte aber eine staatliche Sozialpolitik, da die Entwicklung gezeigt habe, dass es zu nicht tolerierbaren Zuständen käme, wenn man alles dem freien Marktgeschehen überlasse. Die ungerechte Entlohnung der Arbeiter nannte er ein „großes Verbrechen, das um Rache zum Himmel schreit". Mit dieser Enzyklika legte Leo XIII., der auch sonst ein sehr politisch denkender Papst war, den Grundstein für die Katholische Soziallehre.

Res publica

Eine öffentliche Sache

Fachausdruck

Unser Wort „Politik" kommt von dem griechischen Wort „polis" für eine Stadt, genauer gesagt für die Stadtstaaten der griechischen Antike. In Rom bezeichnete man politische Angelegenheiten als „res publica", also als die Dinge, die alle angehen und nicht Privatsache sind. Der Begriff blieb teilweise erhalten. In Estland etwa heißt die konservative Partei „Vaterlands und Res publica Partei". Das polnische „Rzeczpospolita" und das litauische „Žečpospolita" für die eigene republikanische Staatsform sind Übersetzungen von Res publica.

Ridendo dicere verum

Lächelnd die Wahrheit sagen

nach Horaz
(Quintus Horatius Flaccus)
∗ 65 † 8 v. Chr.

Die Satiren des Horaz sind nicht unbedingt das, was wir heutzutage unter Satiren verstehen. Horaz selbst nannte sie denn auch *Sermones* (Gespräche). Gegenüber seinem Gönner Gaius Maecenas (um 70–8 v. Chr.) – dem Namensgeber aller Mäzene – lässt er sich darin über alle möglichen Zeiterscheinungen oder Merkwürdigkeiten aus, die er in der römischen Gesellschaft bemerkt, z. B. das Phänomen, dass jeder immer unzufrieden mit dem ist, was er hat. „Quamquam ridentem dicere verum, quid vetat? ut pueris olim dant crustula blandi doctores, elementa velint ut discere prima (Wiewohl was hindert uns, lachend die Wahrheit zu sagen? So wie schmeichelnde Lehrer den Jungen einst Honigplätzchen gaben, dass sie die ersten Buchstaben lernen)", fragt er.

Roma aeterna

Das ewige Rom

Tibull (Albius Tibullus)
∗ um 55 † um 19 v. Chr.

Woher hat Rom seinen Beinamen als „ewige Stadt"? In der Antike feierten die Römer bevorzugt das „Roma invicta", das unbesiegbare Rom, worin natürlich auch ein gewisser Ewigkeitsanspruch mitschwingt. Im 1. Jh. v. Chr. findet sich dann in mehreren literarischen Werken der Ausdruck des ewigen Roms, wie z. B. in Livius' *Äneis* oder bei Tibull, der in einer seiner Elegien die Zeiten besingt, in denen Romulus die Mauern der „ewigen Stadt" noch nicht errichtet hatte. In der Spätantike, als das Römische Reich in die Krise geriet, wurde das „ewige Rom" dann besonders oft beschworen.

Kolosseum in Rom

Rorate caeli

Tauet Himmel

Jesaja
8. Jh. v. Chr.

„Tauet Himmel von oben, Wolken mögen Gerechtigkeit regnen lassen", heißt es im Buch des alttestamentarischen Propheten Jesaja. An anderen Stellen verheißt er das Kommen eines Friedensfürsten. Die Prophezeiungen des Jesaja wurden von der christlichen Kirche deshalb in spezieller Weise auf die Geburt von Jesus bezogen und finden sich vor allem in der Advents-

Liturgie. In der katholischen Kirche werden alle morgendlichen Messen im Advent traditionell mit dem Jesaja nachempfundenen Geburtsruf „Rorate caeli" begonnen, weshalb solche Morgenmessen auch als Rorate-Messen bezeichnet werden.

Saeculum

Zeitalter

Lehnwort

Saeculum steht im Lateinischen für ein Zeitalter oder ein Jahrhundert. Im Kirchenlatein kann es auch für die „weltliche" Zeit stehen im Gegensatz zur ewigen Zeit, weshalb eine Verweltlichung kirchlicher Strukturen auch als Säkularisierung bezeichnet wird. „Saecula saeculorum", quasi die Summe aller möglichen Zeitalter, ist dagegen ein liturgischer Begriff für die Ewigkeit. Aber auch in der Literatur wurde der Begriff „Saeculum" immer wieder gebraucht. So feierte etwa Ulrich von Hutten (1488–1523) sein Zeitalter mit „Oh seculum! O literae! Iuvat vivere... (Oh Jahrhundert! Oh Wissenschaften! Es ist eine Lust zu leben...)", wohingegen Friedrich Schiller (1759–1805) in seinen *Räubern* den Helden Karl Moor über sein „tintenklecksendes Säkulum" lästern lässt.

Salvator mundi

Retter der Welt

nach Paulus von Tarsus
† um 65

In seinen Briefen entwickelt der Apostel Paulus die Vorstellung, dass Jesus von Nazareth durch seinen Tod am Kreuz die Welt von der Erbsünde befreit habe. Er gebraucht den griechischen Titel „Soter (Erlöser, Retter)", den auch schon antike Herrscher führten (z. B. Ptolemäus I. von Ägypten, um 367–283 v. Chr.), und der später in das lateinische „Salvator" übersetzt wurde. Auch die deutsche Bezeichnung „Heiland (der Heilende)" rührt daher.

Christus als Salvator mundi

Salve pater patriae!

Sei gegrüßt, Vater des Vaterlandes!

Traditioneller Gruß auf dem Nockherberg

„... Bibas, princeps optime (Trinke, bester Fürst)!" Mit dieser scherzhaften Begrüßung durch den Brauereichef darf der bayerische Ministerpräsident alljährlich bei der traditionellen Starkbierprobe auf dem Münchner Nockherberg rechnen. Danach muss er sich allerdings einem kräftigen „Derblecken", einer kabarettistischen Abrechnung, stellen. In der Antike war „Pater Patriae" jedoch keine Bezeichnung für den „Landesherrn", sondern ein Ehrentitel, den der Senat besonders verdienten Römern verlieh. Der erste, der ihn erhielt, war Cicero (106–43 v. Chr.), nachdem er die Verschwörung des Catilina aufgedeckt hatte, der zweite Julius Caesar (100–44 v. Chr.). Danach bekamen ihn nur noch Kaiser, wenn auch nicht alle.

Sancta simplicitas!

Heilige Einfachheit!

Sophronius Eusebius Hieronymus
∗ 347 † 419

Heute wird dieser Ausdruck eher als Stoßseufzer mit der Bedeutung „Heilige Einfalt" gebraucht. Das tat angeblich auch schon der italienische Gelehrte Giordano Bruno (1548–1600), als ein übereifriger Bauer zusätzliches Reisig für seinen Scheiterhaufen anschleppte, um seine Hilfsbereitschaft zu demonstrieren. Der heilige Hieronymus meinte es jedoch ganz und gar nicht respektlos, als er in einem seiner Briefe die schlichte Sprache der Jünger Jesu in den Evangelien mit diesem Begriff lobte.

Sanctus, sanctus

Heilig, heilig

Gebetsformel

Das *Sanctus* ist ein Lobgebet im Rahmen der katholischen Liturgie. Der lateinische Text lautet: „Sanctus, sanctus, sanctus Dominus Deus Sabaoth. Pleni sunt coeli et terra gloria tua. Hosanna in excelsis. Benedictus qui venit in nomine Domini. (Heilig, heilig, heilig, Herr Gott Sabaoth. Himmel und Erde sind voll deiner Herrlichkeit. Hosanna in der Höhe, gesegnet sei der, der im Namen des Herrn kommt)." Das Gebet ist ein Potpourri aus mehreren Bibelstellen aus dem alttestamentarischen Buch Jesaja, dem Psalm 118 und der Schilderung von Jesu Einzug in Jerusalem in den Evangelien.

Wilhelm Leibl: *Betende Frauen in der Kiche*

Sanus per aquam

Gesund durch Wasser

Vermeintliche Ausformulierung
von Spa

Gelegentlich liest man, der Begriff „Spa", mit dem Heilbäder, Wellnesseinrichtungen oder Badelandschaften bezeichnet werden, stehe für „Sanus (gesund), Sanitas (Gesundheit) oder Salus (Wohlergehen) per aqam". Das stimmt jedoch nicht. Der Begriff leitet sich vom gleichnamigen belgischen Badeort ab. Woher der seinen Namen hat, ist nicht ganz geklärt. Die gängigste Theorie ist, dass er von dem germanischen Wort für spucken stammt und sich auf das Sprudeln der Quelle von Spa bezieht.

Sapere aude!

Wage es, weise zu sein!

Horaz
(Quintus Horatius Flaccus)
∗ 65 † 8 v. Chr.

„Dimidium facti, qui coepit, habet: sapere aude, incipe", schrieb Horaz seinem Freund Maximus Lollius. „Wer begonnen hat, hat schon die Hälfte getan: Wage es, weise zu sein, sofort." Die erste Hälfte dieses Ratschlags wurde als „Frisch gewagt ist halb gewonnen" sprichwörtlich. Die zweite machten der Dichter Gotthold Ephraim Lessing (1729–1781) und der Philosoph Immanuel Kant (1724–1804) zum Motto der Aufklärung. In diesem Zusammenhang wird „sapere aude" meist mit „Wage es, selbstständig zu denken" übersetzt, denn das Ideal der Aufklärung war der politisch und gesellschaftlich mündige Bürger, fernab der Hörigkeit gegenüber traditionellen Autoritäten.

Sapienti sat

Für den Verständigen genug

Titus Maccius Plautus
∗ um 254 † um 184 v. Chr.

„Dictum sapienti sat es (Das Gesagte ist für den Verständigen genug)." Mit diesen Worten beendet der Sklave Sagaristio in Plautus' Komödie *Persa* (Der Perser) seine Ausführungen über eine Intrige, die er und sein Kollege Toxilus gegen einen reichen Verwalter ausspinnen. In der jüngeren Komödie *Phormio* von Terenz (um 195–159 v. Chr.) wird der Satz dann schon als gängiges Zitat gebraucht. Der junge Antipho gebraucht ihn, als seine Freunde sein Entsetzen über die Nachricht, dass sein Vater heimgekommen ist, nicht teilen.

Scio me nescire

Ich weiß mich, nichts wissend

Sokrates
∗ 469 † 399 v. Chr.

Dies ist die lateinische Variante des wohl berühmtesten Ausspruchs des griechischen Philosophen Socrates: „Oida ouk eidýs" (Ich weiß, dass ich nichts weiß). Sokrates bezog sich damit auf seine philosophischen Widersacher, die Sophisten. Natürlich war Sokrates nicht wirklich der Meinung, nichts zu wissen, aber wahre Philosophie bedeutete für ihn, vermeintliche Wahrheiten und angeblich gesichertes Wissen auf den Prüfstand zu stellen und so lange zu hinterfragen, bis er zum Kern der Dinge vordrang. Er vergleicht sich dabei mit einer Hebamme, da er der Wahrheit ebenso ans Licht helfe wie diese dem neugeborenen Kind. Ziel der Sophisten war es dagegen, das Gegenüber ohne Rücksicht auf Verluste vom eigenen Standpunkt zu überzeugen, egal ob dieser nun sachlich und ethisch einwandfrei war oder nicht.

Sokrates und Platon

Semper aliquid haeret

Etwas bleibt immer hängen

Francis Bacon
∗ 1561 † 1626

In seinem Werk *De dignitate et augmentis scientiarum* (Über die Würde und den Fortgang der Wissenschaften) beschwert sich der britische Politiker und Philosoph Francis Bacon über die zeitgenössische Satire. Diese wolle kein Unrecht mehr anprangern, sondern nur noch schaden, nach dem Sprichwort: „Audacter calumniare, semper aliquid haeret (Verleumde kühn, etwas bleibt immer hängen)." Ähnliche Gedanken finden sich auch schon bei den antiken griechischen Autoren Hesiod (um 700 v. Chr.) und Plutarch (um 45–125).

Semper eadem

Stets dieselbe

Elizabeth I. von England
∗ um 1533 † 1603

Mit diesem Wahlspruch kennzeichnete sich die englische Königin Elizabeth I. als eine berechenbare, ihren Grundsätzen treue Frau. Tatsächlich trifft das nur auf die Politik der Königin zu, nicht auf ihr Wesen. Elizabeth soll eine äußerst launische Frau gewesen sein, verfolgte aber konsequent ihre Politik einer wirtschaftlichen, kulturellen und politischen Stärkung Englands. „Semper eadem" ist die weibliche Form der bekannteren Formulierung „semper idem (immer der/das Gleiche)".

Semper fidelis

Immer gläubig

Religiöser Wahlspruch

Dieses Schlagwort stammt wohl schon aus den Zeiten der frühen Christenverfolgungen. So wurden in den Katakomben Roms Graffiti mit Bekenntnissen wie „Alexamenos fidelis (Alexamenos ist gläubig)" gefunden. Das lateinische Wort „fidelis" bedeutet jedoch auch treu oder vertrauend. In diesem Sinne wurde „semper fidelis" auch Wahlspruch von vielen weltlichen Organisationen, vor allem auch von Armee-Regimentern und anderen Gruppen, die intern auf die Einhaltung strikter Loyalitätsregeln pochen.

Semper mortuus, semper vivus

Immer tot, immer lebendig

Gottfried Semper
∗ 1803 † 1879

Gottfried Semper

Diesen Spruch ließ sich Gottfried Semper auf sein Grab setzen. Er kann also auch in der Form „Semper ist tot, Semper ist lebendig" gelesen werden. Ob der berühmte Architekt damit eher seinem Glauben auf ein ewiges Leben oder seiner Hoffnung auf Nachruhm Ausdruck geben wollte, bleibt sein Geheimnis. Den Nachruhm hat sich der Erbauer der berühmten Semperoper in Dresden jedenfalls gesichert.

Senatus populusque Romanus

Der Senat und das römische Volk

Antike politische Formel

Laternenpfahl in Rom

Die Abkürzung SPQR war das Hoheitszeichen des antiken römischen Reiches, da Entscheidungen offiziell im Namen des Senates und des römischen Volkes gefällt wurden – auch wenn das Volk oft nicht allzu viel mitzureden hatte und später in der Kaiserzeit nicht einmal mehr der Senat. Wann die Formel genau entstanden ist, weiß man nicht, jedoch vermutlich nachdem das Volk über die Ernennung von Volkstribunen im Jahr 495 v. Chr. wenigstens teilweise an politischen Entscheidungen beteiligt wurde. Die Formel ist noch heute Wahlspruch der Stadt Rom.

Septem artes liberales

Die sieben freien Künste

nach Marcus Terentius Varro
∗ 116 † 27 v. Chr.

In der Antike unterschied man zwischen den „artes mechanicae“, den praktischen Künsten, und den „artes liberales“, den freien Künsten. Artes mechanicae waren alle Fertigkeiten, die unmittelbar einem praktischen Beruf dienten. Die Spannbreite reichte dabei vom Beruf des Bauern über alle Handwerker bis hin zum bildenden Künstler. Die artes liberales waren dagegen rein intellektuelle Künste und wurden als höher eingestuft. Der römische Gelehrte Varro zählt in seinem Sammelwerk über die Künste trotzdem noch Architektur und Medizin dazu. Gut 100 Jahre später galten dann Grammatik, Rhetorik, Logik, Arithmetik, Geometrie und Musik als die sieben freien Künste. Im Mittelalter wurde es üblich, erst einmal die freien Künste zu studieren, bevor man sich einer speziellen Fachrichtung wie Jura, Medizin oder Theologie widmete.

Servus

Diener

Grußformel

„Servus“ ist das lateinische Wort für Diener oder sogar Sklave. Gleichzeitig ist es bis heute eine beliebte Grußformel in Süddeutschland, Österreich und vielen Gegenden Osteuropas, vor allem in jenen, die einmal zum Habsburger Reich gehört haben. Servus kann sowohl zur Begrüßung als auch zum Abschied gebraucht werden und ist vor allem unter Freunden als lässiger Gruß üblich. Das steht im Kontrast zur Herkunft. Ursprünglich sollte mit „Servus“ nämlich die höfliche – aber in der Regel kaum ernstgemeinte – Behauptung „Ich bin Ihr ergebener Diener“ oder „Zu Diensten“ ausgedrückt werden.

Si libet, licet

Wenn es gefällt, ist es erlaubt

Aelius Spartianus
3. oder 4. Jh.

In seiner Biografie des Kaiser Antoninus Caracalla (188–217) behauptet der Historiker Spartianus, der Kaiser habe seine Stiefmutter Julia geheiratet. Die Avancen seien sogar von Julia ausgegangen. Caracalla erwiderte daraufhin: „Vellem, si liceret (Ich wollte, wenn es erlaubt wäre).“ Daraufhin soll Julia erwidert haben: „Si libet, licet. An nescis te imperatorem esse et leges dare, non accipere? (Wenn es gefällt, ist es erlaubt. Weißt du nicht, dass du der Kaiser bist und Gesetze gibst, nicht akzeptierst)?“ In Wahrheit war Julia Caracallas richtige Mutter und die ganze Inzestgeschichte wahrscheinlich nur üble Nachrede, um den äußerst unbeliebten Kaiser noch weiter zu diskreditieren.

Si tacuisses…

Wenn du geschwiegen hättest…

Anicius Manlius Torquatus
Severinus Boethius
∗ um 475 † 524

„… philosophus mansisses (wärst du ein Philosoph geblieben).“ Dies bekommt man zu hören, wen einem etwas entschlüpft ist, was besser ungesagt geblieben wäre. Es geht auf eine

Geschichte zurück, die der spätantike Philosoph Boethius in seinem Werk *Trost der Philosophie* erzählte. Ein Mann hatte gehört, dass ein wahrer Philosoph Beleidigungen schweigend erdulde. Also schweigt er im nächsten Streit eisern zu allen Anfeindungen. Irgendwann jedoch kann er sich nicht mehr zurückhalten und fragt den anderen: „Merkst du nun, dass ich ein wahrer Philosoph bin?" Darauf erwiderte der andere: „Ich hätte es gemerkt, wenn du geschwiegen hättest."

Illustration zu Boethius' *Trost der Philosophie*

Si vis amari, ama!

Wenn du geliebt werden willst, liebe!

Lucius Annaeus Seneca der Jüngere
∗ um 4 v. Chr. † 65 n. Chr.

Diesen Ratschlag gibt Seneca seinem Freund Lucilius in einem der *Epistulae morales* (Moralischen Briefe). Ganz ähnlich äußern sich aber mehrere andere römische Autoren. Von Martial (um 40–104) stammt das Epigramm „Ut ameris, ama (Um geliebt zu werden, liebe)", und Ovid rät in seiner *Liebeskunst* (Ars amatoria): „Ut ameris, amabilis esto (Um geliebt zu werden, sollst du liebenswert sein)."

Si vis pacem, para bellum

Wenn du Frieden willst, bereite den Krieg vor

Publius Flavius Vegetius Renatus
4. Jh.

Der Gedanke, dass militärische Abschreckung die beste Verteidigung ist, findet sich bei antiken Autoren häufig, z. B. bei Platon, Cicero, Livius oder Publilius Syrus. Sprichwörtlich wurde er durch den römischen Militärhistoriker Vegetius, der in seinem Werk *De re militari* (Über militärische Dinge) riet: „Qui desiderat pacem, bellum praeparat (Wer Frieden wünscht, bereitet den Krieg vor)." Aus diesem Grund wird die Doktrin der Friedenssicherung durch Abschreckung auch manchmal als Parabellum bezeichnet (Parabellum kann aber auch für einen bestimmten Pistolentyp und seine Patronen stehen). Über dem Friedenspalast in Den Haag, wo der Völkergerichtshof tagt, steht in bewusster Abänderung: ‚Si vis pacem, cole iustitiam (Wenn du Frieden willst, pflege die Gerechtigkeit)."

Sic

So

Fachausdruck

In manchen Texten stößt man auf das in eckige Klammern gesetzte lateinische Wort „[sic]". Schaut man genauer hin, geht oft genug eine Merkwürdigkeit voraus, entweder eine fehlerhafte Schreibweise, eine zweifelhafte Behauptung oder auch ein Widerspruch zu Vorangegangenem. Mit dem Wort „sic" macht der Autor des Textes klar, dass er dies jedoch genauso übernommen, wie er es gefunden hat. Der Fehler oder die Merkwürdigkeit geht also nicht auf ihn zurück, sondern stand schon so in der Vorlage, auf die er sich bezieht. Manchmal wird der Einschub auch benutzt, um deutlich zu machen, dass hier eine Ansicht vertreten wird, die der Zitierende zwar wiedergibt, aber nicht teilt.

Sic et non

So und (so) nicht

Petrus Abaelardus
∗ 1079 † 1142

Diesen irritierend anmutenden Titel, der auch mit „Ja und Nein" übersetzt wird, gab der berühmte Gelehrte Abaelard einem seiner wichtigsten Werke. Darin listete er (scheinbare) Widersprüche zwischen den Schriften der Kirchenväter und der Bibel auf und plädierte eindringlich dafür, diese Schriften nicht als unangreifbare Dogmen zu behandeln, sondern zu interpretieren. Er wurde damit einer der Begründer der Scholastik, einer wissenschaftlichen Methode, Texte auszulegen. Doch Abaelards Forderung, dass der Verstand auch in Glaubensfragen die oberste Instanz sein müsse, folgte die mittelalterliche Theologie nicht, sodass er auch aus theologischen Gründen und nicht nur wegen seiner als skandalös empfundenen Liebesbeziehung zur schönen Heloise ein Außenseiter blieb.

Abaelard und Heloise

Sic transit gloria mundi

So vergeht der Ruhm der Welt

Thomas von Kempen
∗ um 1380 † 1471

„O quam cito transit gloria mundi (O wie schnell vergeht der Ruhm der Welt)", schrieb der niederländische Mystiker Thomas von Kempen in seinem Buch *Die Nachfolge Christi*. Der Spruch soll aber eigentlich aus einer römischen Zeremonie stammen. Auf dem Triumphzug eines siegreichen Feldherrn durch die Stadt musste ein Sklave vor ihn treten, Wolle verbrennen und ihn mit diesem Satz an die Vergänglichkeit aller Dinge und damit auch seines eigenen Ruhmes erinnern. Die gleiche symbolische Handlung wurde dann spätestens im 15. Jh. für die Amtseinführung neu ernannter Päpste übernommen.

Silent leges inter arma

Es schweigen die Gesetze unter Waffen

Marcus Tullius Cicero
∗ 106 † 43 v. Chr.

Am 18. Januar des Jahres 52 v. Chr. waren auf der Via Appia die schwer bewaffneten Banden der beiden Politiker Titus Annius Milo († 48 v. Chr.) und Publius Clodius Pulcher (um 92–52 v. Chr.) aufeinander getroffen. Es kam zum Kampf, und Pulcher wurde erschlagen, möglicherweise von Milo selbst. Dieser wurde daraufhin angeklagt. Cicero wollte in seiner Verteidigungsrede für Milo die innerpolitischen Krawalle als Krieg darstellen und argumentieren, dass im Krieg Gesetze wie das Verbot zu töten nicht gelten. Er wurde jedoch von Soldaten daran gehindert, seine Rede zu halten, und Milo wurde zur Verbannung verurteilt.

Via Appia

Drahtzieher war der damalige starke Mann Roms Pompeius (106–48 v. Chr.), der damit bewies, dass tatsächlich ungesetzliche Zustände herrschten.

Sine Cerere et Libero friget Venus

Ohne Ceres und Liber friert Venus

Terenz (Publius Terentius Afer)
* um 195 † um 159 v. Chr.

Terenz zitiert diese Wendung in seinem Stück *Eunuchus* als Sprichwort. Später findet man sie auch bei Cicero. Der Hintergrund: Ceres ist die Göttin des Ackerbaus und Liber der Gott des Weinbaus, Venus aber die Liebesgöttin. „Von Luft und Liebe leben", so sagt dieses Sprichwort also, ist schlecht möglich, denn wenn es an den materiellen Grundlagen fehlt, dann wirkt sich das auch negativ auf die Liebe aus.

Sine ira et studio

Ohne Zorn und Eifer

Cornelius Tacitus
* um 55 † nach 116

In den *Annales*, seinem Geschichtswerk über die römischen Kaiser, schrieb Tacitus im Vorwort, dass viele Biografien über Tiberius, Caligula, Claudius und Nero durch lodernden Hass verfälscht worden wären. Er aber wolle sich bemühen, ohne Zorn und Eifer, also ohne Engagement für diese oder jene Seite, zu schreiben. Tacitus' Vorsatz wird deshalb oft als Kriterium für eine neutrale, objektive Berichterstattung zitiert. Allerdings finden die Historiker auch in seinem Werk so einiges, was alles andere als objektiv ist.

Sint, ut sunt, aut non sint

Sie sollen sein, wie sie sind, oder sollen nicht sein

Clemens XIII.
(Carlo della Torre di Rezzonico)
* 1693 † 1769

Clemens XIII.

Im Jahr 1764 forderte König Ludwig XV. von Frankreich (1710–74) von Papst Clemens XIII. eine grundlegende Reform des Jesuitenordens. Anderenfalls drohte er, den Orden in Frankreich zu verbieten. Den König störte, dass die französischen Jesuiten im Zweifelsfall dem Papst zu mehr Gehorsam verpflichtet waren als dem König. Der Papst dachte jedoch gar nicht daran, dies zu ändern, und speiste den König mit obiger Antwort ab, worauf der Orden in Frankreich wirklich verboten wurde. Da auch Spanien und Portugal den Orden verboten – er störte mit seinen Missionsbemühungen die wirtschaftliche Ausbeutung der Kolonien in Übersee – löste Clemens' gleichnamiger Nachfolger Clemens XIV. (1705–74) ihn 1773 auf. Die Jesuiten fanden u. a. in den nichtkatholischen Staaten Preußen und Russland Zuflucht, wo ihr Schulsystem geschätzt wurde. 1814 wurde der Orden wieder zugelassen.

Sis mihi mollis amicus

Du seist mir ein sanfter Freund

Studentenslang

In vielen Studentenverbindungen wird das Brüderschaftstrinken als „Schmollis" bezeichnet. Man vermutet, dass dies eine Verballhornung des lateinischen Wunsches „Sis mihi mollis amicus" ist. Die traditionelle Antwort darauf ist „Fiducit", eine Verballhornung von „Fiducia sit (Es sei beschlossen)".

Sol iustitiae, illustra nos!

Sonne der Gerechtigkeit, erleuchte uns!

Inschrift im Haager Friedenspalast

Diese Worte finden sich als Einlegearbeit in der Eingangshalle des Friedenspalastes in Den Haag, in dem unter anderem der Internationale Gerichtshof der Vereinten Nationen und der Ständige Schiedshof residieren. Das gleiche Motto hat auch die 1636 gegründete Universität von Utrecht. „Sonne der Gerechtigkeit" ist im Christentum zudem eine traditionelle Bezeichnung für Jesus Christus, die auf eine Weissagung im biblischen Buch *Maleachi* zurückgeht.

Sol lucet omnibus

Die Sonne scheint allen

Titus Petronius
* um 14 † 66

Mit diesen Worten versucht sich Encolpius, der Erzähler in Petronius' Roman *Satyricon*, zu beruhigen, als er feststellen muss, dass sein junger Liebhaber Giton auch seinem neuen Reisegefährten, dem Dichter Eumolpus, gefällt. Warum soll also nicht der Anblick eines so schönen Jungen wie Giton auch andere erfreuen? Aber natürlich hilft die Autosuggestion nichts. Encolpius gerät im Laufe des Romans wegen Giton mit diversen Freunden und Bekannten aneinander.

Sola fide

Allein durch den Glauben

Martin Luther
* 1483 † 1546

Martin Luther

Diese zwei Worte fassen den Kern von Martin Luthers Kritik an der katholischen Kirche zusammen. Er kam nach langem Ringen zu der festen Überzeugung, dass der Mensch sich allein durch seinen Glauben vor Gott rechtfertigen könne und nicht durch gute Werke oder gar durch die Zahlung von Ablass. Deswegen könne der Mensch auch nur durch die Gnade Gottes (Sola gratia) und nicht durch eigenes Zutun erlöst werden. Aus seiner Lehre ergaben sich aber noch weitere „solas": Mittler zwischen Gott und Mensch sei nur Christus (solus Christus) und nicht die Heiligen, und die religiöse

Wahrheit finde sich ausschließlich in der Heiligen Schrift (sola scriptura), nicht in kirchlichen Traditionen.

Somnus imago mortis

Der Schlaf ist ein Bild des Todes

Marcus Tullius Cicero
∗ 106 † 43 v. Chr.

In den *Tusculanae disputationes* (Gespräche in Tusculum) lässt Cicero jeweils einen Schüler und einen Lehrer auftreten, die über eine bestimmte These diskutieren. Im ersten Buch ist das die Behauptung „Der Tod ist kein Übel". Großen Raum nimmt dabei die Frage nach der Unsterblichkeit der Seele ein. Aber auch wenn die Seele nicht unsterblich sein sollte, so wird argumentiert, sei der Tod kein Übel, da er dann einem empfindungslosen Schlaf gleiche, also ein neutraler Zustand sei.

Stabat mater…

Es stand die Mutter…

Jacopone da Todi
∗ um 1230 † 1306

„… dolorosa iuxta crucem lacrimosa, dum pendebat filius (voller Schmerzen weinend neben dem Kreuz, wo ihr Sohn hing)." Mit diesen Worten beginnt ein Passionshymnus, der äußerst populär geworden ist. Er brachte auch den Begriff der „Mater dolorosa", der Schmerzensmutter, in die christliche Sprache ein. Traditionell wird er Jacopone da Todi zugeschrieben, der nach dem Unfalltod seiner Frau als radikal armer Franziskanermönch mit teilweise schon fast verrücktem Verhalten („heiliger Narr") lebte. In neuerer Zeit wird auch sein Ordensbruder Bonaventura (1221–74) als Autor diskutiert. Während die einen glauben, dass Jacopone nicht die intellektuellen Fähigkeiten für einen solchen Hymnus gehabt habe, argumentieren die anderen, der gelehrte Bonaventura sei zu vergeistigt für ein so gefühlvolles Gedicht gewesen. Der Text wurde von vielen berühmten Komponisten vertont.

Jacopo da Todi

Stans uno pede

Auf einem Beine stehend

Horaz (Quintus Horatius Flaccus)
∗ 65 † 8 v. Chr.

Mit diesen Worten tadelte der römische Dichter Horaz einen gewissen Lucilius, der seiner Meinung nach seine Satiren ohne die nötige Sorgfalt, „auf einem Bein stehend", also gleichsam mit links „in hora saepe ducentos .. versos (oft zweihundert Verse in der Stunde)" aus dem Ärmel schüttelte. Der heute viel geläufigere Ausdruck „Stante pede" übrigens lautet wörtlich „stehenden Fußes" und bedeutet sofort.

Status quo

Der aktuelle Zustand

Lehnwort

„Status quo" heißt im Lateinischen wörtlich „der Zustand, welcher …". In Rechts- und Diplomatensprache verwendete man den Begriff ursprünglich vor allem, um Früheres zu beschreiben, etwa „In statu quo res erant ante bellum (In dem Zustand, in dem die Dinge vor dem Krieg waren)". Heute steht Status quo für den aktuellen Zustand und Status quo ante für die Situation, die der aktuellen vorausgegangen ist. Der Ausdruck wird meist gebraucht, wenn es darum geht „den Status quo zu wahren." In der Praxis bedeutet das meist, dass jemand nicht bereit ist, aktuelle Vorteile, die sich eingestellt haben, ohne dass es einen Rechtsanspruch darauf gibt, aufzugeben.

Stupor mundi

Staunen der Welt

Beiname Kaiser Friedrichs II.

Mit diesem Beinamen wurde der römisch-deutsche Kaiser Friedrich II. (1194–1250) schon von seinen Zeitgenossen bezeichnet. Friedrich setzte seine Umgebung auf vielerlei Art in Staunen. Zum einen war er hochgelehrt und soll mindestens sechs Sprachen gesprochen haben, darunter auch Arabisch. Darüber hinaus befasste er sich auch mit Naturwissenschaften. Zum anderen tauchte Friedrich in Deutschland mehrmals mit einem exotischen Gefolge auf, zu dem wilde Tiere und nubische Diener gehörten. Dazu gab es Gerüchte über seinen angeblichen Harem und seine Freundschaften mit Andersgläubigen. Zuletzt handelte der Freidenker Friedrich oft auf unorthodoxe Weise, z. B. indem er allein und von der Kirche gebannt einen „Kreuzzug" unternahm und tatsächlich Erfolg hatte, weil er zuvor eine friedliche Übergabe Jerusalems mit Sultan Al-Kamil (1180–1238) ausgehandelt hatte.

Sub specie aeternitas

Unter dem Blickwinkel der Ewigkeit

Benedikt (Baruch) Spinoza
∗ 1632 † 1677

Baruch Spinoza

Wenn jemand heute diesen Ausdruck gebraucht, dann will er normalerweise eher ironisch auf einen „ewig" langen Zeitraum anspielen. Der niederländische Philosoph Spinoza meinte es jedoch ernst, als er in seiner *Ethik* schrieb, es wäre vernünftig, die Dinge unter einem gewissen Blickwinkel der Ewigkeit zu betrachten. Er meinte nämlich, dass vieles von dem, was uns so wichtig ist, seine Bedeutung verliert, wenn man es nüchtern und distanziert aus der Ferne betrachtet. Mit diesem Blickwinkel könne es gelingen, scheinbar Wichtiges von den wirklich wichtigen Dingen zu trennen.

Summa cum laude

Mit höchstem Lob

Fachausdruck

Bei der Bewertung von Doktorarbeiten sind an Universitäten vielfach noch lateinische Beurteilungen üblich. „Summa cum laude" stellt dabei die bestmögliche Beurteilung dar. Es folgen „magna cum laude" (mit großem Lob) und „cum laude". „rite" steht für ausreichend und „insufficienter" für ungenügend. An Technischen Hochschulen werden im Allgemeinen deutsche Beurteilungen verwendet.

Summa summarum

Alles in allem

Titus Maccius Plautus
∗ um 254 † um 184 v. Chr.

Die älteste bekannte Quelle für diesen immer noch sehr geläufigen Ausdruck ist das Theaterstück *Truculentus* des römischen Dichters Plautus. Es beginnt damit, dass sich einer der Helden, Dinarchus, Gedanken über die Liebe macht, vor allem aber über die vielen Fallen, in die man als Liebhaber geraten und sein Leben ruinieren kann. Deren Zahl, so meint er, sei nicht einmal der Göttin Venus bekannt, die ja immerhin die oberste Gebieterin in Liebessachen sei (quam penes amantum summa summarum redit).

Summum ius, summa iniuria

Höchstes Recht, höchstes Unrecht

Marcus Tullius Cicero
∗ 106 † 43 v. Chr.

Eines von Ciceros bedeutendsten Werken ist *De officiis* (Vom rechten Handeln oder Von den Pflichten). Nach dem Tod seines Feindes Julius Caesar und ein Jahr vor seiner eigenen Ermordung im Jahr 43 v. Chr. versuchte er, seinem Sohn Marcus sein politisch-moralisches Vermächtnis zu vermitteln. Dabei beklagte er den Zustand des Rechtssystems und meinte, es wäre kein Wunder, dass das Sprichwort „Summum ius, summa inuria“ immer populärer werde, da Unrecht oft auch durch eine überspitzte, ja bösartige Auslegung des Rechts entstehe. In dem Stück *Heautontimorumenos* (Der Selbstquäler) des römischen Autors Terenz (um 195–159 v. Chr.) heißt es bereits: „Ius summum saepe summast malitia (Das höchste Recht ist oft das größte Übel).“

Sunt pueri pueri, pueri puerilia tractant

Kinder sind Kinder, als Kinder treiben sie Kindliches

nach Paulus von Tarsus
† um 65

Woher dieser Zungenbrecher genau kommt, ist nicht bekannt. Eine Quelle könnte der erste Korintherbrief des heiligen Paulus sein, in dem zu lesen ist: „Cum essem parvulus, loquebar ut parvulus, sapiebam ut parvulus, cogitabam ut parvulus (Als ich noch Kind war, redete ich wie ein Kind, dachte ich wie ein Kind, überlegte ich wie ein Kind).“ Eine weitere Quelle sind möglicherweise die Briefe des Horaz (65–8 v. Chr.), in denen sich die Parallele „tractant fabrilia fabri (Handwerker treiben Handwerk)“ findet. Genau genommen sind mit „Pueri“ übrigens Jungen gemeint, was aber im Deutschen den Wortwitz zerstört.

Der heilige Paulus von Albrecht Dürer

Sursum corda!

Erhebet die Herzen!

Hippolyt von Rom
∗ um 170 † 235

Hippolyt war der erste Gegenpapst in der Geschichte des Christentums, er überlieferte in seinem Werk *Traditio apostolica* (Überlieferung der Apostel) aber auch das älteste bekannte Hochgebet zur Feier der christlichen Eucharistie. Darin findet sich die noch heute gebräuchliche Eingangsformel „Sursum corda (wörtlich: Herzen in die Höhe!)“, auf die die Gemeinde mit „Habemus ad dominum (Wir haben sie beim Herrn)“ antwortet. Die Quelle könnte sich in den Klageliedern des alttestamentarischen Propheten Jeremias finden, der fordert, beim Beten die Herzen zusammen mit den Händen zum Herrn im Himmel zu heben.

Sustine et abstine

Ertrage und enthalte dich

Epiktet
* um 50 † um 138

Diesen Spruch bzw. seine griechische Form „Anechu kai apechu“ schreibt der römische Autor Aulus Gellius (um 130–180) dem griechischen Philosophen Epiktet zu. Epiktet war einer der wichtigsten und radikalsten Verfechter der Stoa, der Lehre, mit vollkommener Gelassenheit durchs Leben zu gehen. Er vertrat die Meinung, dass man sein Herz nur an Dinge hängen solle, über die man volle Verfügungsgewalt habe, also letztendlich nur an das eigene Gewissen und die eigenen Ansichten, aber nicht einmal an den eigenen Körper, der ja durch Krankheiten oder Gewalt fremdbestimmt werden kann. Da Epiktet als Sklave geboren worden war, kannte er diese Fremdbestimmung sogar sehr gut. Die deutsche Variante „Leide und meide“ trifft den Sinn nicht, da Epiktet ein gelassenes Ertragen unliebsamer Dinge, aber eben kein Leiden forderte.

Suum cuique

Jedem das Seine

Simonides von Keos
* um 556 † um 467 v. Chr.

Gerechtigkeit sei, wenn jeder das bekomme, was ihm gebühre, zitiert Platon (427–347 v. Chr.) den griechischen Lyriker Simonides von Keos in seinem Werk *Politeia* (Der Staat). In der römischen Rechtsgeschichte wurde „suum cuique“ dann zum Schlagwort für eine gerechte Verteilung, z. B. bei Cicero oder im *Codex iuris civilis* des Kaisers Justinian I. Aber der Spruch wurde auch im Sinne von „selber schuld“ gebraucht, wenn jemand zum Ausdruck bringen wollte, dass ein anderer nicht mehr verdient habe, als er habe. Perverser Höhepunkt: „Jedem das Seine“ stand auf einem der Tore des Konzentrationslagers Buchenwald.

Tor des ehemaligen Konzentrationslagers Buchenwald

Tabula rasa

Geglättete Tafel

Platon
* 427 † 347 v. Chr.

Wer tabula rasa macht, führt in der Regel eine ziemlich gründliche Ordnungsaktion durch, macht „reinen Tisch“. Doch im Lateinischen ist tabula kein Tisch, sondern eine Schreibtafel. Der griechische Philosoph Platon vergleicht in seinem Dialog *Theaitetos* die menschliche Seele mit einer leeren Schreibtafel, die erst durch die Lebenserfahrung beschrieben wird. Er verwendet den Vergleich also eher im Sinne des unbeschriebenen Blattes. Allerdings konnte man bei einer antiken Schreibtafel die Schrift auch wieder auslöschen, indem man die Wachsschicht, mit der sie überzogen war, glättete. Das hatte dann doch etwas mit dem heutigen Tabula-rasa-Machen zu tun.

Taceo, video

Ich schweige, ich sehe

Elizabeth I. von England
∗ um 1533 † 1603

Elizabeth I.

Diese Maxime – auch als „video et taceo" zitiert – pflegte die britische Königin Elizabeth I., die ihre Berater oft zur Weißglut getrieben haben soll, indem sie deren Meinungen zwar zur Kenntnis nahm, aber lange brauchte, bevor sie sich dazu äußerte und eine Entscheidung fällte. Auf diese Weise regierte sie 45 Jahre, ohne gravierende politische Fehler zu machen. Letztendlich zögerte sie auf diese Weise auch die Frage nach einer Heirat solange hinaus, bis sich alle mit ihrer Ehelosigkeit abgefunden hatten, obwohl ihre Berater dringend auf einen Erben insistiert hatten.

Taliter qualiter

So gut es eben geht

Crotus Rubeanus (Johannes Jäger)
∗ um 1480† nach 1539

„So gut es eben geht" ist eigentlich noch eine beschönigende Übersetzung dieser lateinischen Wendung. Wörtlich heißt sie „sowie, gleichwie", also „wie es halt ist". „Talis (so)" – „qualis (wie)" ist im Lateinischen ein feststehendes Begriffspaar. Die Wendung „taliter, qualiter" jedoch stammt aus den sogenannten *Dunkelmännerbriefen.* Dabei handelt es sich um eine Satire, in der führende Humanisten, vor allem Crotus Rubeanus, ein Studienfreund Luthers, gegen gewisse Kleriker kämpften, die eine Verbrennung aller jüdischen Schriften forderten. Croteus und seine Mitautoren verfassten fingierte Briefe dieser Kleriker in absichtlich barbarischem Latein, um zu zeigen, was für ungebildete Idioten diese Männer ihrer Meinung nach waren.

Tandem felix

Endlich glücklich

André-Marie Ampère
∗ 1775 † 1836

André-Marie Ampère

Diesen Spruch ließ sich der französische Physiker auf sein Grab schreiben. Durch seine Pionierarbeiten auf dem Gebiet der Elektrizität war der Mann, zu dessen Ehren der elektrische Strom in Ampere gemessen wird, zwar ein anerkannter Wissenschaftler. Sein persönliches Leben war jedoch von tragischen Ereignissen überschattet. Sein Vater wurde während der Französischen Revolution unter der Guillotine hingerichtet. Seine erste Frau starb nach nur vier Ehejahren, seine zweite Ehe endete in einer Scheidung. Trost suchte er in der Religion. Am Tag des Todes seiner Frau Julie schrieb Ampère die Bitte nieder: „Oh Herr, Gott des Erbarmens, vereinige mich im Himmel mit denen, die zu lieben du mir auf der Erde erlaubt hast."

Te absolvo

Ich vergebe dir

Religiöse Formel

„Ego te absolvo a peccatis tuis in nomine Patris et Filii et Spiritus Sancti (Ich spreche dich los von deinen Sünden im Namen des Vaters, des Sohnes und des Heiligen Geistes)“ war die traditionelle Formel, mit der der Priester dem Gläubigen in der katholischen Beichte die Vergebung seiner Sünden zusagte. Inzwischen wird sie meist nicht mehr in der lateinischen Variante, sondern in der jeweiligen Landessprache gebraucht. „Te absolvo“ hat sich aber auch als scherzhafte Antwort auf die Entschuldigung eines anderen erhalten.

Te deum

Dich Gott

Ambrosius von Mailand
∗ um 340 † 397

Ambrosius von Mailand

„... laudamus (loben wir)“, so beginnt ein sehr bekannter christlicher Lobgesang, der vor allem bei festlichen Gelegenheiten wie Prozessionen, Priesterweihen und früher auch Königskrönungen gesungen wurde. Auch nach der erfolgreichen Papstwahl stimmen die Kardinäle traditionell das *Te deum* an. Der Legende nach soll es der Kirchenlehrer Ambrosius bei der Taufe des heiligen Augustinus (354–430) im Jahr 387 aus dem Stegreif gesungen und zusammen mit Augustinus weitergedichtet haben. Der Text des *Te deum* wurde von zahlreichen namhaften Kirchenmusikern in Musik umgesetzt.

Tempora mutantur...

Die Zeiten ändern sich...

Kaiser Lothar I.
∗ 795 † 855

Wer diese Worte gebraucht, will meistens ausdrücken, dass ihm die modernen Zeiten ziemlich fremd geworden sind und er wenig mit gewissen Neuerungen anfangen kann, die man aber halt einfach hinnehmen muss, weil Veränderung der Lauf der Welt ist. Wenig bekannt ist, dass „tempora mutantur“ aber nur die erste Hälfte eines Zitats ist, das – so der flämische Gelehrte Jan Gruters (1560–1627) in seinem Werk *Delitiae Poetarum Germanorum* – auf Kaiser Lothar I. zurückgeht. Der älteste Sohn von Ludwig dem Frommen und Enkel Karls des Großen stellte demnach fest: „Omnia mutantur, nos et mutamur in illis (Alles ändert sich, und wir ändern uns mit).“ Ein völlig anderer Gedanke also!

Lothar I.

Tempus edax

Die gefräßige Zeit

Ovid
(Publius Ovidius Naso)
∗ 43 v. Chr. † um 18 n. Chr.

Der römische Dichter Ovid gebrauchte in seinem Werk immer wieder das Bild von der Zeit, die alles zernagt. „Tempus edax rerum (Du, die Dinge zernagende Zeit)“, beklagt er sich etwa im letzten Buch seiner *Metamorphosen* (Verwandlungen), „tuque invidiosa vetustas, omnia destruitis vitiataque dentibus aevi paulatim lenta consumitis omnia morte (und du missgünstiges Alter, ihr zerstört und verzehrt allmählich durch einen langsamen Tod, was durch den Zahn der Zeit schadhaft wurde)."

Tempus fugit

Die Zeit flieht

Vergil
(Publius Vergilius Maro)
* 70 † 19 v. Chr.

Diese Worte verwendete man früher gerne als Schriftzug auf Uhren. Sie haben ihren Ursprung in der *Georgica*, einem vierbändigen Lehrgedicht von Vergil über das ländliche Leben. „Sed fugit interea, fugit irreparabile tempus (Aber es flieht unterdessen, es flieht unwiederbringlich die Zeit)", heißt es dort. Vergil lässt sich mit diesen schicksalsschwangeren Worten über die „unproduktiven" Kämpfe aus, die im Tierreich zur Brunst dazugehören, vor allem über die oft lange dauernde Gegenwehr der Stute gegen den Hengst.

Terra incognita

Unbekanntes Land

Cornelius Tacitus
* um 55 † nach 116

Als Terra incognita bezeichnete man früher noch unentdeckte Länder, von deren Existenz man nur aufgrund von Gerüchten und vagen Erzählungen wusste, oder solche, deren Küsten zwar entdeckt, die aber noch völlig unerforscht waren. Australien etwa hat seinen Namen daher, dass man schon im Mittelalter in Europa von der Existenz eines Kontinents südlich von Asien ausging, den man terra incognita australis (Südliches unbekanntes Land) nannte. Die älteste Erwähnung des Begriffs findet man bei Tacitus, der beschreibt, wie die römische Flotte im 1. Jh. erstmals Britannien umsegelte, dabei feststellte, dass es sich um eine Insel handelt und die bislang unbekannte Inselgruppe der Orkaden (Orkneys) entdeckte. Übrigens: Das Incognito hat seinen Namen auch daher, dass jemand möchte, dass seine wahre Persönlichkeit unbekannt bleibt.

Theatrum mundi

Welttheater

Fachausdruck

Pedro Calderon de la Barca

Als Theatrum Mundi, als Welttheater, wurde im Barock häufig die ganze Welt und ihr Treiben bezeichnet, wenn man auf ihre Vergänglichkeit oder Oberflächlichkeit anspielen wollte. Enger gefasst ist ein Welttheater ein Stück, das keine einzelne Geschichte erzählte, sondern sich mit dem ganzen Weltgeschehen befasst wie etwa *Das große Welttheater* des spanischen Dichters Pedro Calderon de la Barca (1600–81), in dem „der König", „der Reiche" der „Bettler" oder „das Kind", aber auch symbolische Gestalten wie „die Weisheit" und sogar Gott auftauchen. Im 19. Jh. bezeichnete man auch kleine, mechanische Bühnen als Welttheater, weil dort Dinge aus der Welt, die nicht jeder kannte, etwa ein Bergwerk oder ein Vulkanausbruch, dargestellt wurden.

Timeo Danaos et dona ferentes

Ich fürchte die Danaer und wenn sie Geschenke bringen

Vergil (Publius Vergilius Maro)
∗ 70 † 19 v. Chr.

Mit diesen Worten warnt der Priester Laokoon in Vergils Epos *Aeneis* die Trojaner vor dem berüchtigten Trojanischen Pferd, einem angeblichen Geschenk der Griechen an den Gott Neptun. Die Göttin Minerva, die auf Seiten der Griechen kämpfte, ließ Laokoon und seine Söhne jedoch von Seeschlangen erwürgen, die Trojaner holten das Pferd in ihre Stadt, wo des Nachts griechische Soldaten seinem Bauch entstiegen und das Ende Trojas herbeiführten. Danaer ist eine Bezeichnung, die der Dichter Homer (wohl 8. Jh. v. Chr.) für die Griechen benutzte. Schon Seneca (um 4 v. Chr.–65 n. Chr.) sprach deshalb vom „verhängnisvollen Danaergeschenk (danaum fatale munus)".

Tolle, lege!

Nimm, lies!

Augustinus von Hippo
∗ 354 † 430

Das bekannteste Werk des Kirchenlehrers Augustinus sind sicherlich seine *Confessiones* (Bekenntnisse), eine Autobiografie, in der er von seiner wilden Jugend und seiner Bekehrung erzählt. Im Jahr 386 befand sich Augustinus demnach in einer tiefen persönlichen Krise und begann sich für das Christentum zu interessieren. Als er ein Kind im Nachbargarten mehrmals „Tolle, lege" rufen hörte, interpretierte er dies als Weisung Gottes und schlug die Bibel auf. Dabei stieß er auf die Stelle im Römerbrief des Apostels Paulus: „Nicht in Fressen und Saufen, nicht in Wollust und Unzucht, nicht in Hader und Neid, sondern ziehet den Herrn Jesus Christus an und pflegt das Fleisch nicht zur Erregung eurer Lüste." Dies, so Augustinus, habe ihn endgültig zum christlichen Leben bekehrt.

Alessandro Algardi: *Die Enthauptung des heiligen Paulus*

Tres faciunt collegium

Drei bilden ein Kollegium

Neratius Priscus
1. Jh./2. Jh.

„Neratius Priscus tres facere existimat collegium (Neratius Priscus ist der Ansicht, dass drei ein Kollegium bilden)", heißt es in den *Digesten* zum *Codex iuris civilis*, einer Sammlung altrömischer Rechtsgrundsätze. Mit „collegium" kann allerdings vielerlei gemeint sein: ein Verein, ein Ausschuss oder eine Zuhörerschaft. Jedenfalls leitet sich von dieser Ansicht des römischen Politikers Priscus die Gepflogenheit ab, dass ein Universitätsprofessor seine Lesung zu halten hat, wenn mindestens drei Zuhörer anwesend sind.

Tunica proprior pallio est

Die Tunica ist näher als der Mantel

Titus Maccius Plautus
∗ um 254 † um 184 v. Chr.

Ein Spruch, der im Deutschen zu „Das Hemd ist mir näher als der Rock" wurde, als man nicht mehr Tunica und Pallio trug. Er stammt aus der Komödie *Trinummus* (Dreigroschenstück) von Plautus. Der junge Lysiteles rechtfertigt sich mit diesen Worten damit, dass er zuerst Chamides begrüßt, dessen Tochter er heiraten möchte, und dann erst seinen guten Freund Callicles. Im Werk des griechischen Dichters Theokrit (3. Jh. v. Chr.) findet sich ein Sprichwort, das Ähnliches besagt, nämlich: „Weiter weg als das Knie ist das Schienbein."

Ubi bene, ibi patria

Wo es einem gut geht, dort ist das Vaterland

Aristophanes
∗ um 448 † um 385 v. Chr.

Aristophanes

Mit diesem Spruch auf den Lippen will in der Komödie *Plutos* (Der Reichtum) der Götterbote Hermes glatt den Olymp gegen die Erde eintauschen. In dem letzten Stück des bekannten griechischen Komödiendichters Aristophanes wird Plutos, der Gott des Reichtums, nämlich von seiner Blindheit geheilt. Daraufhin beglückt er alle Menschen mit Reichtum. Denen geht es fortan so gut, dass sie vergessen, den Göttern zu opfern. Die hungern nun und senden Hermes auf die Erde, um die Dinge in Ordnung zu bringen. Doch Hermes denkt gar nicht daran, sondern versucht stattdessen, einen Job auf der Erde zu ergattern. Die lateinische Version dieses Gedankens findet sich zuerst in Ciceros (106–43 v. Chr.) *Tusculanischen Gesprächen*.

Ubi tu Gaius, ego Gaia

Wo du Gaius bist, will ich Gaia sein

Römischer Trauspruch

Dies soll nach der Überlieferung des griechischen Schriftstellers Plutarch (um 45–125) ein gängiger römischer Trauspruch im Sinne von „Wo du hingehst, will auch ich hingehen" gewesen sein. Während der männliche Vorname Gaius in Rom sehr weit verbreitet war, traf dies für Gaia nicht zu. Ihre Wurzel haben beide aber wahrscheinlich in dem griechischen Wort „Gaia (Erde/Erdgöttin)".

Ultima ratio

Die letzte vernünftige Möglichkeit

Armand Jean du Plessis,
Kardinal de Richelieu
∗ 1585 † 1642

Wenn von ultima ratio die Rede ist, dann ist damit meistens das letzte Mittel oder der letzte Ausweg gemeint. Doch das ist eigentlich zu weit gegriffen. Denn ultima ratio steht nur für den letzten vernünftigen Weg. Die Redewendung wurde gegen Ende des Dreißigjährigen Krieges (1618–48) populär. Der Urheber war wahrscheinlich der französische Kardinal und Staatsmann Richelieu, der auf die Rohre der französischen Kanonen den Spruch ‚ultima ra-

Kardinal de Richelieu

tio regis (Letztes Vernunftmittel des Königs)" prägen ließ. Überhaupt ist oft dann von ultima ratio die Rede, wenn jemand den Boden der Verhandlungen verlässt und zu Gewalt oder Zwang greift. Ob dann der lateinische Begriff „ratio (Vernunft)" noch angebracht ist, ist eine andere Frage.

Ultima Thule

Äußerstes Thule

nach Pytheas von Massalia
* um 380 † um 310 v. Chr.

In den Werken diverser antiker Autoren finden sich Hinweise auf einen Reisebericht des Händlers Pytheas aus der phönizischen Kolonie Marseille über seine sagenhafte Seereise in den Norden, die damals meist als Aufschneiderei angesehen wurde, heute aber als authentisch gilt, weil Pytheas Naturphänomene wie Treibeis, Polarlichter und die Mitternachtssonne korrekt beschreibt. Pytheas behauptet, bis zu einer Insel sechs Tagesfahrten nördlich von Britannien gekommen zu sein. Ob es sich dabei um die Shetland-Inseln, die Färöer-Inseln, Island oder Norwegen handelt, ist unklar. Als heißeste Kandidaten werden Island und die norwegische Insel Smøla bei Trondheim gehandelt. Pytheas jedenfalls nannte die Insel äußerstes Thule, wobei Thule wahrscheinlich ein altes Wort für Land (lat. tellus) ist. Mit der Zeit wurde das Land im Norden immer weiter mystifiziert, vor allem auch von den Nationalsozialisten.

Ultimatum

Das Letzte

Lehnwort

Unter einem Ultimatum versteht man eine letzte Chance, die jemand einem anderen zum Einlenken gibt. Ein Ultimatum geht meist mit klaren Forderungen und einer festgesetzten Frist einher. Danach drohen ernste Konsequenzen, etwa ein Krieg oder Embargo in der Politik, eine offizielle Klage in Rechtsstreitigkeiten oder eine Trennung in privaten Beziehungen. Wenn die Adressaten ein sogenanntes Ultimatum verstreichen lassen, ohne dass das die angedrohten Konsequenzen hat, handelt es sich rückwirkend eigentlich nicht mehr um ein Ultimatum, sondern nur um eine Drohung oder einen Erpressungsversuch. Mit Ultimo (Der Letzte) bezeichnet man dagegen in der Regel den letzten Tag eines Monats (an dem oft Rechnungen fällig werden) oder den letzten Tag einer bestimmten Frist.

Ultra posse nemo obligatur

Über sein Können hinaus wird niemand verpflichtet

Publius Iuventius Celsus
1. Jh.

In den *Digesten* des byzantinischen *Corpus iuris civilis*, in denen die Rechtsgrundsätze verdienter römischer Juristen gesammelt wurden, wird der römische Politiker und Rechtsgelehrte Celsus mit der Devise „Impossibilium nulla obligatio est (Zu Unmöglichem gibt es keine Verpflichtung)" zitiert. Ähnliches findet sich in den Dekretalen, die Papst Bonifatius VIII. (um

1235–1303) der Sammlung des kanonischen Rechtes zufügen ließ. Dort heißt es: „Nemo potest ad impossibile obligari (Niemand kann zu etwas Unmöglichem verpflichtet werden)."

Urbi et orbi

Der Stadt und dem Erdkreis

Römische Redewendung

Unter „urbi et orbi" versteht man heute einen feierlichen Segen, den der Papst an Weihnachten, Ostern und nach seiner Wahl der Stadt Rom und der ganzen Welt spendet. Johannes Paul II. (1920–2005) machte ihn besonders bekannt, da er Oster- und Weihnachtswünsche in zahlreichen Sprachen anschloss. Die Wendung „urbi et orbi" geht aber schon auf das Römische Reich zurück, wo Proklamationen ausdrücklich an die Stadt Rom und den Rest der Welt gerichtet wurden. Der Dichter Ovid (um 43 v. Chr.–um 18 n. Chr.) schrieb sogar: „Gentibus est aliis tellus data limine certo. Romanae spatium est urbis et orbis idem (Andere Völker haben ein Gebiet mit festen Grenzen. Nur bei dem römischen deckt sich die Stadt mit dem Erdkreis)."

Papst Johannes Paul II. spendet den Segen „urbi et orbi"

Ut sementem feceris, ita metes

Wie du die Saat gemacht hast, so erntest du

Marcus Tullius Cicero
∗ 106 † 43 v. Chr.

Dies schreibt Cicero in einem seiner Bücher über die Redekunst *De Oratore* (Vom Redner). Er selbst verstand es meisterhaft, seine Zuhörerschaft mit diversen rhetorischen Kunstgriffen zu lenken. So war ihm natürlich auch bewusst, welch heftige Emotionen bis hin zum „Volkszorn" durch einen Redner ausgelöst werden konnten – und das nicht immer mit Absicht. Aber auch der Apostel Paulus († ca. 65) schrieb in seinem Brief an die Galater: „Was der Mensch nämlich gesät hat, das erntet er."

Vademecum

Geh mit mir

François Rabelais
∗ um 1493 † 1553

François Rabelais

Als Vademecum bezeichnet man heute meist ein Handbuch oder einen Ratgeber. Der Begriff stammt aus der Studentensprache, in der das Vademecum ein Buch mit nützlichen Tipps und Adressen bezeichnet, das man immer bei sich führt. Gelegentlich wird das Wort auch für andere Gegenstände benutzt, die man immer und überall dabei hat. Im Schelmenroman *Gargantua und Pantagruel* des französischen Dichters Rabelais, der ersten literarischen Erwähnung des Begriffs, nennt der Riese Panurg ein kleines Weinfass sein Vademecum. 1625 gab dann ein gewisser Johann Peter Lotichius (1598–1669) einen Band mit Sinnsprüchen (Epigrammen) heraus, den er *Vademecum* nannte, da er offenbar der Meinung war, man solle das Buch immer in der Tasche haben, um zu jeder Gelegenheit den passenden Spruch anbringen zu können.

Vae victis!

Wehe den Besiegten!

Brennus, 4. Jh. v. Chr.

Dieser Spruch steht für gnadenlose Siegerjustiz und Willkür. Er geht zurück auf den keltischen Fürsten Brennus, der im Jahr 390 v. Chr. oder etwas später Rom eroberte. Er stellte seinen Abzug in Aussicht, forderte aber ein gewaltiges Lösegeld. Zudem benutzte er beim Abwiegen des Goldes auch noch falsche Gewichte. Als die Römer protestierten, warf Brennus angeblich auch noch sein Schwert in die Waagschale, um den Preis zu erhöhen, und spottete „Vae victis!" Gut bekommen ist Brennus seine Arroganz allerdings nicht. Die aufgebrachten Römer sollen sich doch noch zum Widerstand entschlossen und ihn besiegt haben. Manche Historiker vermuten allerdings, dass Brennus und seine Kelten wohl eher einer Epidemie zum Opfer fielen.

Vanitas vanitatum

Eitelkeit der Eitelkeiten

Prediger (auch Kohelet oder Ecclesiastes)

Nicht von der Eitelkeit im heutigen Sinn ist in diesem Buch des *Alten Testaments* die Rede, sondern von der Nichtigkeit und Vergänglichkeit alles Irdischen. Im Grunde dreht sich das ganze Buch *Kohelet* um die Erkenntnis, dass alles, woran sich der Mensch auf Erden freut, nicht von Dauer ist. Im 17. Jh., als die Prachtentfaltung des Barock und das Elend des Dreißigjährigen Krieges aufeinander trafen, wurde die Vanitas zu einem beherrschenden Thema der Literatur. Der bekannte Roman von William Makepeace Thackeray *Vanity Fair* (Jahrmarkt der Eitelkeiten) mokiert sich sowohl über die Nichtigkeit als auch über die persönliche Eitelkeit in bestimmten Gesellschaftskreisen.

Variatio delectat

Abwechslung erfreut

Euripides
∗ um 480 † um 406 v. Chr.

Diese Hoffnung hegt Elektra, die Schwester des Titelhelden im Drama *Orestes* des griechischen Dichters Euripides. Ihr Bruder hat die gemeinsame Mutter und deren Liebhaber ermordet, die zuvor gemeinsam Orests Vaters Agamemnon umgebracht hatten. Verwandtenmord aber war im alten Griechenland eines der schlimmsten Verbrechen, und darum wurde Orest von den Erynnien, den Rachegöttinnen, gejagt. Die lateinische Variante des griechischen Originals, „Metabole panton glyky", wurde in Rom zum geflügelten Wort. Die erste schriftliche Erwähnung dieses Gedankens findet sich in Ciceros Werk *Über die Natur der Götter,* wo er sich fragt: „Glauben wir, dass sie (die Götter) sich an dem bunten Wechsel erfreuen, mit dem wir Himmel und Erde geschmückt sehen (Varietatene eum delectari putamus, qua caelum et terras exornatas videmus)?"

Euripides

Varium et mutabile semper femina

Immer wankelmütig und veränderlich ist die Frau

Vergil (Publius Vergilius Maro)
∗ 70 † 19 v. Chr.

Dieses Verdikt fällt Vergil in seinem römischen Nationalepos *Aeneis*. Der Gott Merkur fordert mit dieser Begründung den Helden Äneas auf, seine Geliebte, die Königin Dido von Karthago, zu verlassen. Vergil stellt Dido, die sich nach der Flucht des Äneas umbringt, als schuldig dar, weil sie eigentlich geschworen hatte, sich nach dem Tod ihres ersten Gatten nie wieder zu vermählen. Andererseits schreibt er, dass die Liebesgöttin Venus, die Mutter des Äneas, Dido bewusst verliebt gemacht habe. Trotz dieser mehr als zweifelhaften Beweisführung erfreut sich Vergils Verurteilung der Frauen bei der Nachwelt großer Beliebtheit, erst recht seit der Arie „La Donna è mobile (Die Frau ist veränderlich)" aus der Oper *Rigoletto* von Giuseppe Verdi (1813–1901), die im Deutschen mit „Wie so trügerisch sind Weiberherzen" übersetzt wird.

Veni creator spiritus

Komm, Schöpfer Geist

Hrabanus Maurus
∗ um 780 † 856

Mit diesen Worten beginnt der Pfingsthymnus der christlichen Kirche. Gefeiert wird damit die in der *Apostelgeschichte* beschriebene Erleuchtung der Apostel durch Gott in Gestalt des Heiligen Geistes. Der Hymnus bittet um dieselbe Erleuchtung. Bemerkenswert ist dabei die Titulierung des Heiligen Geistes als Schöpfer, der ein kreatives Potenzial in den Menschen zu entfalten vermag. Der Hymnus wurde vom Mainzer Erzbischof Hrabanus Maurus überliefert. Ob er auch von ihm stammt, ist nicht gesichert aber möglich, da Hrabanus auch literarisch tätig war.

Veni, vidi, vici

Ich kam, sah, siegte

Gaius Julius Caesar
∗ 100 † 44 v. Chr.

Am 2. August des Jahres 47 v. Chr. besiegte Caesar in nur vier Stunden bei Zela in der heutigen Türkei das Heer des Königs Pharnakes II. von Pontus. Diesen Sieg meldete er seinem Freund Gaius Matius mit den berühmten drei Worten. Sowohl seine Leistung als auch die gelungene Formulierung scheinen Caesar selbst begeistert zu haben. Jedenfalls berichtet sein Biograf Sueton, Caesar habe bei seinem Triumphzug Tafeln mit der Aufschrift „veni, vidi, vici" vor sich hertragen lassen. Der Spruch ist oft persifliert worden. Vor allem das „vici" wurde häufig durch etwas ganz anderes ersetzt.

Venite adoremus

Kommt, lasset uns anbeten

Psalm 95

Diese Aufforderung stammt aus dem 95. Psalm des *Alten Testamentes*. Sie findet sich in vielen lateinischen Kirchenliedern und Gebeten, z. B. bei der Kreuzverehrung am Karfreitag oder als Refrain in dem Weihnachtslied *Adeste fidelis* (Herbei ihr Gläubigen), das auf Deutsch unter dem Titel *Nun freut euch, ihr Christen* bekannt ist In dem Roman *Gargantua et*

Pantagruel des französischen Dichters François Rabelais findet sich die Veräppelung „Venite appotemus (Kommt, lasst uns uns betrinken)“.

Verba docent, exempla trahunt

Worte belehren, Beispiele reißen mit

nach Lucius Annaeus Seneca dem Jüngeren
∗ um 4 v. Chr. † 65 n. Chr.

Wie und wann dieses römische Sprichwort genau entstand, ist nicht bekannt. Als Wurzel gilt eine Stelle aus einem Brief Senecas an seinen Freund Lucilius: „Longum iter est per praecepta, breve et efficax per exempla (Lang ist der Weg durch Lehren, kurz und wirksam durch Beispiele).“ Im Deutschen wurde „Ein Beispiel ersetzt tausend Worte“ daraus.

Verum gaudium res severa est

Wahre Freude ist eine ernste Angelegenheit

Lucius Annaeus Seneca der Jüngere
∗ um 4 v. Chr. † 65 n. Chr.

In seinen *Epistulae morales* (Moralische Briefe) gab der römische Politiker und Philosoph Seneca seinem jüngeren Freund Lucilius Ratschläge für eine richtige Lebensführung, allerdings keine moralischen im heutigen Sinne, sondern eher philosophische. Im 23. seiner Briefe meint er, es könne so aussehen, als ob er Lucilius alle Freuden nehmen wolle, doch richtiges Freuen müsse man lernen, denn wahre Freude käme eben nicht nur durch oberflächliche Freuden und Genüsse, sondern von innen heraus, aus einem selbstsicheren und über die Dinge erhabenen Geist.

Seneca

Veto

Ich verbiete

Juristischer Fachausdruck

Wer ein Vetorecht hat, kann die Beschlüsse eines ganzen Gremiums verhindern. So haben etwa im UN-Sicherheitsrat die fünf ständigen Mitglieder USA, Russland, China, Frankreich und Großbritannien das Vetorecht. Wenn sie einem Beschluss nicht zustimmen, kommt er nicht zustande. Das Vetorecht stammt aus der Römischen Republik. Dort hieß es Intercessio (Dazwischentreten, Einspruch). Die Volkstribunen, die Vertreter des einfachen Volkes (plebs), konnten jeden Beschluss des Senats verhindern, indem sie „Veto“ riefen. Damit sollte verhindert werden, dass die aus der Oberschicht stammenden Senatoren Entscheidungen gegen das Volk trafen. Als Veto wurde dieses Recht erstmals in der polnischen Verfassung im 17. Jh. bezeichnet. Damals hatte jeder polnische Abgeordnete ein Vetorecht, wodurch das Parlament (Sejm) praktisch handlungsunfähig wurde.

Via

Auf den Weg

Lehnwort

Mit dem lateinischen Wort „via“ wird im Deutschen oft der Weg, den jemand oder eine

Sache nimmt, bezeichnet. Das kann sich auf die verschiedensten Aspekte dieses Weges beziehen, z. B. auf die Art, wie er zurückgelegt wird. Eine Sendung wird etwa „via Kurier“ geschickt oder man kommuniziert „via E-Mail“. Mit dem Wort kann aber auch die Strecke näher umschrieben werden, etwa wenn jemand „via Dresden“ von München nach Berlin fährt.

Vice versa

Im Wechsel

Lehnwort

„… und vice versa“, fügt man einer Aussage hinzu, wenn sie auch dann noch gilt, wenn man die Personen oder Dinge, über die gesprochen wird, vertauscht. Etwa: „Herr Müller mag Frau Meier nicht und vice versa.“

Vinum vita est

Wein ist Leben

Titus Petronius
∗ um 14 † 66

Bacchus, der Gott des Weines

Für viele Gewohnheitstrinker trifft das zweifellos zu. Dem neureichen Trimalchio in Petronius' Roman *Satyricon* ist jedoch vielmehr daran gelegen, dass seine Gäste, denen er die edlen Tropfen mit diesen Worten anpreist, auch den Wert des Ausgeschenkten erkennen. Vorsorglich hatte er zuvor deshalb an den Amphoren unübersehbare Etiketten mit Aufschriften wie „Falernum Opimianum annorum centum (Falerner aus dem Konsulatsjahr des Opimius, 100 Jahre alt)“ anbringen lassen.

Virgo intacta

Unberührte Jungfrau

Catull
(Gaius Valerius Catullus)
1. Jh. v. Chr.

Eine Jungfrau ist nach heutigem Sprachgebrauch eine Frau, die noch keinen Geschlechtsverkehr hatte, womit eine „virgo intacta“, also eine Jungfrau, deren Jungfernhäutchen noch intakt ist, eigentlich ein weißer Schimmel ist. Im alten Rom war eine virgo jedoch erst einmal nur eine junge, unverheiratete Frau, aber nicht zwangsläufig eine Jungfrau – obwohl sie das nach den moralischen Regeln ihrer Zeit natürlich sein sollte. Da aber Ideal und Wirklichkeit auch im alten Rom oft nicht das Gleiche waren, verwendete Catull in einem Hochzeitsgedicht für wirklich unerfahrene Bräute die Wendung „virgo intacta“.

Viribus unitis

Mit vereinten Kräften

Franz Joseph I. von Österreich-Ungarn
∗ 1830 † 1916

Diesen Wappenspruch wählte sich der österreichische Kaiser Franz Joseph I., als er im Alter von 18 Jahren die Regierung antrat. Es war eine schwierige Situation für das Habsburger-

Kaiser Franz Joseph I.

Reich. Die Märzrevolutionen, die gerade niedergeschlagen worden waren, gingen in vielen nichtdeutschen Reichsgebieten mit Forderungen nach nationaler Unabhängigkeit einher. Franz Joseph I. stützte sich dann aber hauptsächlich auf konservative Kräfte wie Militär und Kirche und schaffte es nicht, seinem Grundsatz gerecht zu werden und eine Brücke zu Kräften wie den Liberalen, den Ungarn und Slawen zu schlagen. Auch in seiner Familie konnte von vereinten Kräften keine Rede sein. Seine Frau Elisabeth (1837–98), die berühmte Sissi, ging eigene Wege, und sein Sohn Rudolf (1858–89) nahm sich das Leben. Im Alter von 84 Jahren musste Franz Joseph dann noch erleben, wie der Konflikt mit seinen slawischen Untertanen zum Attentat auf seinen Neffen Franz Ferdinand (1863–1914) in Sarajewo führte. Danach billigte er die hochriskante Politik seiner Regierung, die schließlich zum Ersten Weltkrieg führte.

Vita brevis, ars longa

Das Leben ist kurz, die Kunst ist lang

Hippokrates von Kos
∗ um 460 † um 370 v. Chr.

Mit Kunst hatte dieser Ausspruch erst einmal wenig zu tun. Der berühmte antike Arzt Hippokrates beklagte, dass das Leben eigentlich zu kurz sei, um sein Metier, die Heilkunst, zu studieren. Der römische Philosoph Seneca der Jüngere (um 4 v. Chr.–65 n. Chr.) zitiert ihn mit den Worten: „Vita brevis, ars longa, occasio praeceps, experientia fallax, iudicium difficile (Das Leben ist kurz, die Kunst lang, die Gelegenheit flüchtig, die Erfahrung trügerisch, das Urteil schwierig)." In Goethes *Faust* zitiert Fausts Gehilfe Wagner resigniert angesichts der hohen Anforderungen eines wissenschaftlichen Studiums: „Ach Gott! die Kunst ist lang, und kurz ist unser Leben."

Vita contemplativa

Beschauliches Leben

Philon von Alexandria
∗ um 15 v. Chr. † nach 40 n. Chr.

Philon von Alexandria

Der Gegensatz zwischen „vita contemplativa" und „vita activa" spielt in der Geschichte der christlichen Orden eine bedeutende Rolle. Während manche Orden sich nur der Kontemplation widmen und ganz von der Welt abschotten, verlangen die Regeln anderer Gemeinschaften einen tätigen Einsatz, etwa als Missionare, Krankenpfleger oder Sozialarbeiter. Wörtlich bedeutet „contemplatio" Ansehen, Beschauen. Die Mönche und Nonnen sollen also nicht nur beten, sondern darüber hinaus eine passive, meditative Haltung einnehmen und durch die Anschauung religiöser Schriften und Bilder zu einer direkten mystischen Anschauung Gottes kommen. Der Begriff entstammt dem Buch *De vita contemplativa* (Über das beschauliche Leben), in dem der jüdische Historiker Philon von Alexandria eine kleine jüdische Gemeinschaft namens „Therapeuten“ beschrieb.

Vivat, cresceat, floreat!

Er/sie/es lebe, wachse, blühe!

Traditioneller Trinkspruch

Mit diesen drei Worten lassen heute vor allem die Mitglieder studentischer Verbindungen ihre Gemeinschaft hochleben. Gelegentlich wird dieser Toast aber auch bei offiziellen universitären Anlässen oder Firmenjubiläen gehört, oft in Kombination mit „ad multos annos“ (siehe dort). Entstanden sein dürfte er mit einiger Sicherheit auch im universitären Bereich. „Vivat“ für sich genommen war bis zum Ende des Kaiserreiches der übliche Ruf, wenn es galt, etwas hochleben zu lassen.

Vivere militare est

Leben bedeutet kämpfen

Lucius Annaeus Seneca der Jüngere
∗ um 4 v. Chr. † 65 n. Chr.

„Atqui vivere, Lucili, militare est.“ Diesen Rat gab der römische Philosoph Seneca seinem jungen Freund Lucilius, dem Empfänger der *Epistulae morales*. Dieser Ratschlag verwundert etwas, da Seneca eigentlich Anhänger der stoischen Philosophie war, deren Grundprinzip es ist, Schicksalsschläge gleichmütig hinzunehmen. Doch während das Motto heutzutage hauptsächlich bei Militaristen Verwendung findet, spricht Seneca von einem moralischem Kampf. Und ohne diesen lässt sich auch keine stoische Gleichmut erreichen.

Vivos voco, mortuos plango, fulgura frango

Die Lebenden rufe ich, die Toten beklage ich, die Blitze breche ich

Traditionelle Inschrift auf Kirchenglocken

Friedrich Schiller

Dieses lateinische Motto stellte Friedrich Schiller (1759–1805) seinem bekanntem *Lied von der Glocke* voran. Diese oder ähnliche Weihegravuren finden sich auf zahlreichen Kirchenglocken. Eine im Jahr 1670 für den baden-württembergischen Ort Friedingen gefertigte Glocke trug das Motto auch auf Deutsch: „Die Lebendigen berufe ich, die Doten beklage ich den Donner briche ich, wer das nicht glaubt, der lese mich.“ Auf welche konkrete Glockeninschrift sich Schiller bezieht, ist nicht bekannt.

Vomunt ut edant, edunt ut vormant

Sie übergeben sich, um zu essen, und sie essen, um sich zu übergeben

Lucius Annaeus Seneca der Jüngere
∗ um 4 v. Chr. † 65 n. Chr.

Eines der am weitesten verbreiteten Klischees über das alte Rom sind jene Orgien, bei denen die Teilnehmer sich mit einer Feder im Rachen kitzelten, um sich zu übergeben, und anschließend mit der Fresserei fortfuhren. Dass es dies tatsächlich gab, belegen die Briefe des Philosophen Seneca, die er seiner Mutter Helvia aus der Verbannung schrieb. In diesen Briefen tröstet er seine Mutter und meint, dass der Mensch eigentlich nicht viel zum Leben brauche. Er zieht über jene her, die sich Seegetier aus den tiefsten Ozeanen und von den entferntesten Küsten kommen lassen und Geflügel von Völkern, denen man noch Vergeltung schulde, und sich dann nicht einmal die Mühe machen, die Leckereien zu verdauen.

Vox populi, vox dei

Stimme des Volkes, Stimme Gottes

nach Jesaja
8. Jh. v. Chr.

Albrecht Dürer: *Der heilige Hieronymus im Gehäuse*

„Vox populi de civitate, Vox de templo, Vox domini reddentis retributionem inimicis suis (Stimme des Volkes von der Stadt, Stimme vom Tempel, Stimme des Herrn, Vergeltung übend an seinen Feinden)", übersetzte der heilige Hieronymus (347–419) eine Vision des Propheten Jesaja über das kommende Endgericht. Daraus wurde in der Folgezeit gelegentlich eine Gleichsetzung von Volkes Stimme mit Gottes Stimme gemacht, etwa durch den französischen Theologen Petrus von Blois (1135–1203), der mit dem Satz „Scriptum est: quia vox populi, vox dei (Geschrieben steht: Weil es Volkes Stimme ist, ist es Gottes Stimme)" für Respekt vor dem Urteil der Kirchengemeinde plädierte. Heute wird die Wendung eher ironisch gebraucht oder auch persifliert, etwa zu „Vox populi, vox Rindvieh". Dieser Satz wird häufig dem Politiker Franz Josef Strauß zugeschrieben, der ihn aber auch nur vom konservativen Politiker Elard von Oldenburg-Januschau übernommen hat.

Vulgo

Im Volk

Lehnwort

Der inzwischen veraltete Vermerk „vulgo" steht in Akten und Schriften für Namen oder Bezeichnungen, die im Volk geläufig sind. In Lexika wurden damit z. B. umgangssprachliche Ausdrücke gekennzeichnet. In alten Kirchenbüchern wurde mit vulgo der Name angehängt, unter dem der Betreffende im Dorf bekannt war, der aber nicht mit dem Taufnamen identisch war, z. B. wenn ein Herr Müller den Schulzenhof übernommen hatte und fortan von allen im Dorf mit „Schulze" angeredet wurde. Auch das abwertende Wort „vulgär" bedeutete ursprünglich nur „gewöhnlich, wie im Volk üblich".

Deutsche Übersetzungen

Deutsche Übersetzungen

Deutsche Übersetzungen

Deutsche Übersetzungen